Andre

LA MONETA DI AKRAGAS

A cura di: Lisbeth Thybo
Illustrazioni: Karen Borch

EDIZIONE SEMPLIFICATA AD USO
SCOLASTICO E AUTODIDATTICO

Le strutture ed i vocaboli usati in questa
edizione sono tra i più comuni della lingua italiana e sono stati scelti in base ad
una comparazione tra le seguenti opere:
Bartolini, Tagliavini, Zampolli – Lessico di
frequenza della lingua italiana comtempo-
ranea. Consiglio D'Europa – Livello soglia,
Brambilla e Crotti – Buongiorno! (Klett),
Das VHS Zertifikat, Cremona e altri – Buongiorno Italia! (BBC), Katerinov e Boriosi
Katerinov – Lingua e vita d'Italia (Ed. Scol.
Bruno Mondadori).

Redatore: Ulla Malmmose

Design della copertina: Mette Plesner

Easy Readers

EGMONT

Stampato in Danimarca da
Sangill Grafisk, Holme Olstrup

Andrea Camilleri

Andrea Camilleri, il più importante scrittore italiano vivente, è nato in Sicilia nel 1925, a Porto Empedocle (Agrigento). Vive da molti anni a Roma. Ha lavorato a lungo alla RAI-RadioTelevisione Italiana curando anche la sceneggiatura e la regia di fortunate serie poliziesche televisive come "Il tenente Sheridan", "Le avventure di Laura Storm" e "Il commissario Maigret" con Gino Cervi. Ha poi collaborato ai molti film dedicati al suo più famoso personaggio, il commissario Montalbano. Dal 1977 al 1997 ha insegnato presso l'Accademia Nazionale d'Arte Drammatica.

Dal mondo di Vigàta, città immaginaria teatro delle indagini del Commissario Montalbano, si apre una vista sui casi della vita di tutti. Tra i romanzi con Montalbano i più famosi restano *La forma dell'acqua*, *La pazienza del ragno*, *La luna di carta*, *La vampa d'agosto*, *Il campo del vasaio*, *Il cane di terracotta*, *Gita a Tindari*, *Il sorriso di Angelica*.

Oltre ai libri di Montalbano, Camilleri è autore di moltissimi romanzi e altre opere, sempre in equilibrio fra invenzione e analisi sociale. Tra questi: *Un filo di fumo*, *La stagione della caccia*, *Il birraio di Preston*, *La concessione del telefono*, *La mossa del cavallo*, *Il cielo rubato*, *Il casellante*, *Il nipote del Negus*. È anche autore di romanzi storici, come *Il re di Girgenti*, *Caravaggio. Il colore del sole*.

Alcuni libri hanno un carattere speciale fra archeologia e fiction: *Gocce di Sicilia*, del 2001, *Il cielo rubato*, del 2009, presente nella collana dell'Easy Reader, e il bellissimo *La Moneta di Akragas* del 2011.

Le opere di Camilleri, tradotte in tutto il mondo in oltre 10 milioni di copie, occupano sempre la top ten dei libri più venduti. Ha vinto premi letterari in Italia e all'estero.

Uno
Quasi una *premessa*

Akragas è caduta in mano ai *Cartaginesi* dopo un lungo *assedio*.

Per il nostro *calcolo* del tempo, nel 406 a.C.

I Cartaginesi sono comandati da Annibale di Gescone, nipote di Amilcare Gelone, in precedenza 5 vinto dagli Akragantini a Hymera. Una *sconfitta* bruciante. È questa sconfitta che Annibale intende *vendicare annientando* la potenza di Akragas e *massacrando* i suoi *abitanti*.

Ora le *fiamme* che *divorano* il *tempio* dedicato a Zeus Atabyrios, posto sulla cima più alta del *colle*, 10 illuminano la città; altre altissime fiamme disegnano a valle poco lontana dal mare i sette grandi templi protettori. Akragas ha dovuto cedere soprattutto per il tradimento degli ottocento *mercenari campani* che si sono venduti al nemico per 15 *talenti*. 15

premessa, apertura del libro
Cartaginese, abitante dell'antica Cartagine
assedio, blocco intorno a qualcosa, a qualcuno
calcolo, conto
sconfitta, perdita, disfatta
vendicare, restituire con cattiveria
annientare, ridurre a niente
massacrare, distruggere, uccidere
abitante, chi vive in un luogo
fiamma, vedi illustrazione, pag. 8
divorare, distruggere, mangiare
tempio, vedi illustrazione, pag. 8
colle, elevazione del terreno
mercenario, chi prende soldi per fare qualcosa
campano, abitante della Campania
talento, moneta dell'antica Grecia

I millecinquecento altri mercenari al servizio d'Akragas, agli ordini dallo *spartano* Deixippos, si sono invece battuti tanto *valorosamente* che i Cartaginesi hanno deciso di *premiare* il loro coraggio con la morte, l'ordine è stato di *sterminarli* tutti, niente *prigionieri*.

Kalebas è riuscito a *scampare* all'*eccidio* non sa neppure lui come, *fingendosi* morto e restando *immobile* per ore sotto un enorme *cumulo* di cadaveri.

Kalebas sa che a pochi passi c'è una delle entrate segrete che portano agli *ipogei*, diverse volte vi ha montato la guardia, Deixippos temeva che qualche traditore potesse *avvelenare* le *vasche* d'*acqua potabile* e *determinare* così la fine dell'assedio. Un giorno, per curiosità, ci è voluto entrare. Quel giorno lui è arrivato fino alla vasca centrale, ma non ha osato spingersi oltre.

L'ingresso segreto è un'apertura, che da terra arriva fino all'altezza del petto di un uomo, simile a una lunga finestra *munita* di grosse *sbarre* di ferro, oltre la qua-

spartano, abitante di Sparta
valorosamente, con coraggio
premiare, dare un premio
sterminare, ridurre a zero, cancellare del tutto
prigioniero, chi è stato preso da qualcuno
scampare, evitare con fortuna
eccidio, uccisione di molte persone
fingersi, fare finta di essere qualcosa
immobile, molto fermo
cumulo, piccola o grande quantità di qualcosa
ipogeo, ambiente sottoterra
avvelenare, mettere veleno
vasca, bacino per l'acqua
acqua potabile, acqua che si può bere
determinare, stabilire
munire, rafforzare
sbarra, asta che impedisce qualcosa

le non si vede altro che buio. Le sbarre, prendendole
in un certo modo con entrambe le mani spingendole
con forza verso il basso, vengono via tutte insieme e si
possono rimettere a posto dall'*interno*.

Kalebas, per sicurezza, aspetta ancora un poco. 5
Poi tenta di muoversi, ma non ce la fa. Ha le membra
indolenzite. Deve *reagire* però, ogni minuto che trascorre così è peggio. Facendo forza sulle mani, riesce
a *inarcare* di qualche centimetro la schiena. Il peso
dei cadaveri sopra di lui non gli consente di più. Ma 10
via via che muove il corpo a piccoli tratti sente che
tutta la sua forza gli sta rinascendo dentro.

Un'ora dopo è riuscito ad *emergere* dalla *catasta* e,
alla luce d'una casa che brucia poco lontana, si è spo-
gliato del *vestiario reso rigido* del sangue e si è *impa-* 15
dronito della *toga* e dei *calzari* di un akragantino. Di
suo ha tenuto solo la *daga* col *cinturone*, la *borraccia*,
e il sacchetto con le preziose monete d'oro, che costi-
tuiscono la *paga* di un lungo periodo di lavoro, circa
otto di quelli che oggi chiamiamo mesi. 20

interno, la parte di dentro
indolenzito, che sente dolore
reagire, farsi forza
inarcare, incurvare
emergere, venire fuori
catasta, grande quantità di qualcosa
vestiario, gruppo di vestiti
rendere, creare in qualche modo
rigido, duro
impadronire, prendere possesso
toga, vedi illustrazione, pag. 8
calzare, vedi illustrazione, pag. 8
daga, vedi illustrazione, pag. 8
cinturone, vedi illustrazione, pag. 8
borraccia, vedi illustrazione, pag. 8
paga, compenso in danaro

tempio

fiamma

toga

cinturone

daga

borraccia

calzare

8

Sono monete *appositamente coniate*, da un lato c'è un'*aquila* ad ali aperte e una *lepre*, dall'altro un *granchio* e un pesce. Ognuna pesa 1,74 grammi d'oro. Nel sacchetto di Kalebas di queste monete ce ne sono trentotto. 5

Ora è dentro il *cunicolo*, ha rimesso le sbarre a posto. Cammina *curvo* al buio, deve andare dritto per venti passi, poi girare a mano dritta e procedere per cinque passi, quindi voltare a mano *manca* e andare sempre avanti. Ma questo non è più un cunicolo, bensì un *corridoio* piuttosto alto e illuminato a tratti da *torce*. 10

A trecento passi c'è una vasca piccola, come una *piscina*. Posa a terra la toga, i calzari, la daga, la borsa, la borraccia e vi *s'immerge*. L'acqua è freschissima. Si lava, fino a quando è certo d'aver fatto scomparire ogni *traccia* di sangue. Si riveste, si asciugherà camminando. Ne ha di strada da fare. 15

Certo, se potesse vedere un pezzetto di cielo sa-

20

aquila

lepre

artiglio

granchio

appositamente, proprio per quello
coniare, fabbricare monete
cunicolo, strettissima galleria sotterranea
curvo, con la schiena piegata
manco, sinistro
corridoio, ampio ambiente lungo
torcia, fiaccola, grosso bastoncino da mano infuocato in alto
piscina, vasca d'acqua dove ci si può bagnare
immergersi, entrare nell'acqua
traccia, segno

rebbe meglio. Ma non è per niente *impaurito*, ha l'*irragionevole* certezza che riuscirà in qualche modo a trovare la strada giusta per uscire da quel *labirinto*.

A un certo punto capisce d'essersi lasciato alle 5 spalle l'ultima torcia. Torna sui suoi passi, stacca la torcia dalla parete, ripiglia il cammino.

Adesso è costretto a procedere piegato in due ed è stanchissimo. Ma non vuole fermarsi. Poi il cunicolo, all'improvviso, *si biforca*. Kalebas sa di dover prende- 10 re una decisione dalla quale dipenderà la sua vita. Una scelta che non ammette errore. Chiude gli occhi, bisogna affidarsi al caso. Riapre gli occhi e *imbocca* il cunicolo a mano manca.

Dopo aver camminato ancora per un'*eternità* sente 15 di star respirando un'aria diversa. L'odore *pesante* di chiuso è quasi del tutto sparito, sostituito da un leggero e lontano profumo di terra e d'erba bagnate.

Accelera il passo e a un tratto ecco davanti a lui la tanto desiderata uscita *celata* all'esterno da una gran- 20 de macchia d'erba. Ce l'ha fatta!

Si trova sopra allo *sperone* di una collina. La notte è *luminosa*, ma non tanto da permettere una *discesa* sicura. Meglio aspettare l'alba. Guarda le stelle in

impaurito, preso da paura
irragionevole, senza senso, insensato,
labirinto, confusione di vie differenti
biforcarsi, dividersi in due direzioni
imboccare, avviarsi in una direzione precisa
eternità, lungo tempo
pesante, che non lascia respirare
accelerare, affrettare
celato, nascosto
sperone, sporgenza, p.es. parte di una montagna che sporge in avanti
luminoso, piena di luce
discesa, camminata verso il basso

cielo, *si orienta*. Adesso sa il cammino che deve fare. Mancano tre ore circa all'alba. Ora sì che può riposarsi. Ma dormire all'aperto non è possibile, fa troppo freddo. Rientra nel cunicolo. Si siede per terra, le spalle appoggiate alla parete, si toglie i calzari che gli 5 fanno male. S'addormenta.

Lo *ridesta* la prima luce. Deve riprendere subito il cammino. Si alza, ma decide di non rimettere i calza-

vipera

orientarsi, trovare la direzione giusta
ridestare, risvegliare

ri, i piedi ancora gli *dolgono*. Per uscire fuori dal cunicolo avanza col piede sinistro.

E subito avverte una *fitta atroce* sotto la *pianta del piede*. È stato certamente un *morso*. Ma di che?

5   Seduto a terra all'aperto, riesce a guardarsi la ferita. È stata una *vipera* a *morderlo*, ne riconosce subito il disegno dei tre puntini dei denti. Sa che i morsi delle vipere sono *rari* nei mesi *invernali*, però hanno effetti quasi sempre *letali*. Kalebas non si perde d'animo, è

10 un uomo coraggioso. Con la cintura della daga stringe al massimo la gamba poco sopra il ginocchio, poi con la daga *incide* in profondità ognuno dei tre punti, lascia che il sangue scorra. Dopo un po' strappa un pezzo di toga e si *fascia* la ferita. Comunque vadano

15 le cose, è certo che per ora non può muoversi da lì.

Kalebas muore dopo tre giorni d'*agonia*. L'ultima cosa che fa è alzarsi in piedi, aprire il sacchetto con le monete d'oro e *scagliarle* lontano.

Poi precipita giù dallo sperone.

---

dolere, dare dolore
fitta, dolore acuto
atroce, spaventoso
pianta del piede, parte inferiore del piede
morso, presa con i denti
vipera, vedi illustrazione, pag. 11
mordere, prendere con i denti
raro, scarso, poco frequente
invernale, dell'inverno
letale, mortale
incidere, perforare
fasciare, mettere una fascia
agonia, momento precedente la morte
scagliare, gettare via con forza

Due
Il contadino e il medico

Il *medico condotto* di Vigàta, il dottor Stefano Gibilaro, apre come sempre gli occhi alle quattro del mattino, *si stira* e scende dal letto *cautamente* per non svegliare la moglie 'Ndondò.

Va subito in cucina a bersi il caffè preparato la sera 5 avanti e tenuto caldo.

Quel giorno, 20 dicembre 1909, compie cinquant'anni. Ma per lui è un giorno di lavoro come un

medico condotto, dottore che cura i malati in un piccolo centro
stirarsi, allungarsi
cautamente, con prudenza

altro. O meglio, l'unica differenza sarà data dal fatto che dovrà essere *puntuale* per l'ora di pranzo, e non in ritardo come spesso gli capita, perché da Palermo, dove studia medicina, arriverà in mattinata il loro figlio uni-
5 co Michele per *festeggiare* il *compleanno paterno*.

Spalanca la finestra del bagno. La notte è stellata. Si guarda allo specchio. Beh, per essere un cinquantenne non è proprio messo male. Anzi.

Anche il sessantenne Cosimo Cammarota si sveglia
10 alle quattro. Ci mette cinque minuti a lavarsi nel pozzo fuori dalla casetta dove vive solo da quando sua moglie Nunziata è morta e suo figlio Pietrino è in *galera* per *omicidio* e sua figlia Rosalia fa la cameriera in casa dei signori Scozzari, e poi, fatta co-
15 lazione con pane e un uovo duro, presa la *zappa* s'avvia *zoppicando* verso il *bivio* di Commarella dove c'è 'Ntonio Prestia che lo aspetta con la *mula*.

Zoppica perché vent'anni prima mentre zappava nel terreno dei *marchesi* Laurentano ebbe un leggero
20 giramento di testa per il troppo sole e si diede un gran colpo di zappa nella gamba sinistra che per poco non se la tagliava.

puntuale, in orario preciso
festeggiare, fare festa per qualcuno o per qualcosa
compleanno, giorno della nascita
paterno, del padre
spalancare, aprire
galera, prigione
omicidio, assassinio
zappa, vedi illustrazione, pag. 29
zoppicare, camminare con difficoltà
bivio, direzione differente di due strade
mula, animale da soma, femmina del mulo
marchese, grado di nobiltà con funzione di guardia

Come fu e come non fu, passata una settimana, non solo la gamba non guarì, ma era diventata viola e grossa. Non si poteva più spostare dal letto.

Allora con suo figlio, che all'epoca non aveva ancora commesso l'omicidio, andò a chiamare il medico, il dottore Gaspano Giuffrida che, poveretto, era diventato troppo vecchio per viaggiare per le campagne e curare i malati. Il dottore Gaspano Giuffrida appena tolse le *fasce* e vide la ferita si mise a urlare che la gamba era andata in *cancrena* e che non c'era più altro *rimedio* che amputarla subito.

"Che vuol dire 'amputare?'", domandò Cosimo.

"Significa tagliartela fino al ginocchio", rispose il dottore.

E se ne andò dandogli appuntamento per l'indomani mattina nel suo studio medico per fargli l'operazione.

Prima pensò di gettarsi nel pozzo e morire, poi gli venne in mente, che nel paese c'era un altro medico trentenne, che di nome faceva Stefano Gibilaro.

Ci si fece portare quel pomeriggio stesso. Insomma, fatto sta che il dottore Gibilaro la gamba non solo non gliela tagliò, ma gliela guarì in un mese, anche se rimase un po' rigida. E alla fine non volle neanche essere pagato.

Dopo un'ora e mezzo di cavallo il dottore imbocca un *sentiero* in fondo al quale c'è una piccola casa, quella dei Cusumano.

---

fascia, benda, bendaggio
cancrena, malattia della carne a causa di infezione
rimedio, soluzione
sentiero, via di campagna

Deve andare a visitare una quarantenne, Amalia, madre senza marito di tre figlie femmine che vivono in paese esercitando il mestiere più antico del mondo. Ma sono figlie affettuose e perciò passano a *turno*
5 una settimana ad *accudire* alla madre.

Agata, la figlia minore diciottenne, è sulla *ghiaia*, si sta lavando. Gli sorride

Entra in casa, Agata lo segue. Amalia come vede il dottore lo riconosce.

10 "Fammi l'*iniezione*!" lo *supplica*.

Il dottore prepara la *siringa* per la *morfina*.

Agata lo accompagna fuori: "Grazie… Se lei vuole…"

Il dottore non risponde, le sorride,
15 monta e se ne va.

siringa

Dal bivio Commarella allo Sperone Cosimo e 'Ntonio ci hanno *impiegato* due ore di mula. Quel terreno è chiamato così perché si trova proprio sotto una specie di sperone che *sporge* dalla montagna del Cassaro la
20 quale segna il confine tra il territorio di Vigàta e quello di Girgenti, che una volta, al tempo dei Greci, era una grande città ed era chiamata Akragas.

La terra fa parte del *feudo* del *barone* Loduca.

turno, volta, a turno, di volta in volta
accudire, aiutare qualcuno nel bisogno
ghiaia, zona all'aperto di una casa di campagna, piccola pietraia
iniezione, siringa con medicina
supplicare, implorare
morfina, sostanza chimica per curare il dolore
impiegare, occupare una durata di tempo
sporgere, essere più esposto
feudo, territorio sottoposto a un proprietario
barone, grado di nobiltà con funzione di difesa

Dopo nemmeno cinque minuti compare Ernesto. È un quarantenne che ride sempre.

Ora la squadra è al completo, possono cominciare a zappare. Da una settimana che ci lavorano, hanno fatto poco e niente. La terra da anni e anni non è mai 5 stata coltivata e vai a sapere perché al barone è venuto in testa di farlo ora.

Le *zolle* sono così dure. C'è da rompersi la schiena.

A un certo punto, dopo un'ora, a Cosimo capita di voltare una zolla troppo grossa, tanto che decide di 10 *spaccarla* in due. Lo fa, e quando la zolla si apre *intravede* nel mezzo un *luccichio* dovuto al sole.

Si abbassa e prende la cosa che *luccica*.

È una moneta, per quel poco che se ne vede pare fatta d'oro. Se la mette in tasca senza dire niente né 15 ad 'Ntonio né ad Ernesto e continua ad zappare.

La moneta è lucida, lucida. La regalerà al dottor Gibilaro che si raccomanda sempre che se trovano nel terreno monete antiche lui è disposto a comprarle pagandole bene. 20

Il dottor Gibilaro deve visitare l'ultimo paziente, Tallarita.

Guarda l'orologio. Sì, ce la farà a tornare a casa per l'ora del pranzo.

La visita a Simone Tallarita che è una specie di *col-* 25 *lezionista* di malattie, dura una mezzoretta. Poi final-

---

zolla, mucchi di terreno
spaccare, aprire con forza
intravedere, vedere con difficoltà
luccichio, brillio, lucentezza
luccicare, mandare luci non continue
collezionista, chi mette da parte molte cose uguali

mente imbocca il sentiero che attraversa un tratto di feudo del barone Loduca. È la via più breve per tornare a Vigàta.

Dopo un po' vede che ci sono tre contadini che
5 zappano. Anche i contadini lo hanno visto e hanno smesso di lavorare. Giunto alla loro altezza, i tre si levano le *coppole*.

"Baciamo le mani."

"Buongiorno", fa il dottore passando oltre. Ma una
10 voce lo blocca.

"Dottore, aspetti!"

Ferma il cavallo, si volta, riconosce chi ha parlato.

È Cosimo Cammarota, uno al quale tanti anni prima ha salvato una gamba.

15 "Che c'è?", domanda il dottore.

Non vorrebbe perdere tempo, ha i minuti contati.

"Ho una cosa che Le voglio regalare", dice Cosimo. E s'infila una mano in tasca.

Tre
Il *terremoto*

Duemilatrecentoquattordici anni dopo Akragas,
20 un'altra città siciliana viene distrutta. Ma stavolta si tratta di cause naturali. Messina comincia a morire alle 5,20 del mattino del 28 dicembre 1908. La sua agonia dura trentadue eterni secondi, poi il colpo di grazia glielo *assesta* un'ondata *gigantesca*, uno tsu-

---

coppola, vedi illustrazione, pag. 28
terremoto, movimento fortissimo del terreno
assestare, dare un colpo decisivo
gigantesco, immenso

nami come si dice ai nostri giorni, che *spazza* via il porto e le strade del lungomare. Si saprà, dopo, che si è trattato del terremoto più *devastante* mai accaduto in Italia. Alla fine, i morti che sarà stato possibile contare risulteranno essere circa 120.000. 5

Ma avrebbero potuto *assommare* ad assai di più se la *flotta russa* non si fosse trovata alla *fonda al largo* d'Augusta al momento del *sisma*.

L'*ammiraglio* Litvinov, il comandante della flotta, chiede subito l'*autorizzazione* ai superiori in Russia 10 di dirigere sul luogo del *disastro* per portare *soccorso*. In quegli anni i rapporti tra Italia e Russia sono ottimi, Vittorio Emanuele è andato a trovare lo Zar *scortato* dalla flotta italiana. Inoltre i due *sovrani* sono *accomunati* dall'amore per la *numismatica*. La risposta gli 15 arriva alle 21 di quel giorno stesso.

Allora ordina subito di *salpare* alla volta di Messina, che conosce benissimo per esserci già stato. Ha *intuito*

spazzare, investire
devastante, che porta devastazione
assommare, raggiungere un grande numero
flotta, quantità di navi
russo, della Russia
fonda, sosta
al largo, in alto mare
sisma, vedi *terremoto*
ammiraglio, grado più importante nella Marina
autorizzazione, permesso
disastro, evento disastroso
soccorso, aiuto urgente
scortare, sorvegliare
sovrano, qui: re
accomunare, mettere insieme
numismatica, scienza che studia monete e medaglie
salpare, partire con la nave
intuire, capire prima

l'*immane scempio* di vite e cose che si troverà davanti
al momento dello *sbarco*. E perciò, durante il viaggio
effettuato forzando al massimo i motori, riunisce tutti i
comandanti delle navi e organizza i soccorsi, *suddivi-*
5 *dendo* i tremila uomini di cui dispone in tanti gruppi,
a ognuno dei quali *assegna* un compito preciso.

Ma a un numero *imponente* di piccoli gruppi Litvinov destina un compito speciale: *estrarre* i sepolti
vivi da sotto le *macerie*.

10 Così, quando alle sette del mattino del 29 dicembre la flotta si presenta davanti ai resti del porto,
ognuno dei tremila *marinai* sa perfettamente quello
che deve fare appena messo piede a terra.

Naturalmente sul luogo della *catastrofe* in breve si
15 precipiteranno altri *soccorritori*, tra i quali i marinai
di alcune navi da guerra della marina inglese. Reste-
ranno così sorpresi e ammirati dell'*efficienza* degli
equipaggi zaristi che alcuni inglesi si metteranno agli
ordini dei sottufficiali russi che comandano le squa-
20 dre di soccorso, le quali lavorano notte e giorno.

immane, grandissimo
scempio, distruzione
sbarco, arrivare a terra dal mare o dal cielo
suddividere, dividere in più parte
assegnare, affidare
imponente, molto grande
estrarre, tirare fuori
maceria, resti di ciò che si è distrutto
marinaio, soldato del mare
catastrofe, tragedia con vittime
soccorritore, chi presta *soccorso* (vedi)
efficienza, ottima organizzazione
equipaggio, gruppo di marinai della nave

In effetti verrà *calcolato* che ogni squadra ha tirato fuori da sotto le macerie una persona all'ora.

Innumerevoli, dentro una così colossale *tragedia*, le tragedie individuali.

E tra queste, una fa tornare alla *ribalta* la moneta di Akragas. Carlo Demaria, avvocato, è un uomo che conta nella società *messinese*. È sposato ed ha una figlia di sei anni, Caterina. Vive in una graziosa villetta circondata da un piccolo giardino. Alle 5,20 del mattino di quel 28 dicembre sta montando a cavallo per recarsi in un paese vicino dove ha un affare da sbrigare. La *violenza* della *scossa* sismica lo fa cadere a terra. Quando si rialza, la villetta è un *mucchio* di macerie. Attorno a lui c'è un immenso *frastuono* di case che *crollano* e una nebbia che non permette di distinguere niente. Non è nebbia, è la polvere che si leva dai palazzi distrutti. Comunque Carlo è riuscito lo stesso a salire sul cumulo di *rovine* e, *disteso* sopra di esse, chiama a gran voce la moglie e la figlia. Poi da una distanza *infinita*, gli arriva la voce della piccola Caterina. Si mette a gridare aiuto, ma la gente che passa pare non udirlo.

calcolare, fare il conto di qualcosa o di qualcuno
innumerevole, che non può essere calcolato
tragedia, qui: evento terribile con morti e distruzioni
ribalta, scena
messinese, di Messina
violenza, grande forza
scossa, tremito
mucchio, catasta, ammasso
frastuono, grande rumore
crollare, cadere
rovina, ciò che resta dopo una distruzione
distendere, stendere in basso o in terra
infinito, senza misura

Carlo *scava* con le mani. Ci mette quattro ore prima di capire che da solo non risolverà niente. Allora corre in *Municipio*. Che non esiste più. Ma nelle vicinanze ci sono il vicesindaco e alcuni *consiglieri* comunali. Riesce a ottenere una guardia e due *badili*.

Scavano tutto il giorno. Quando cala la sera, la guardia, *stremata*, se ne va. Con la forza della disperazione, Carlo scava per tutta la notte. L'*indomani* mattina *scorge* al largo delle navi da guerra in avvicinamento. Sono navi della *marina* militare russa. Abbandona il lavoro e corre dal suo amico Savastano che ha la carica di *console* di Russia a Messina. Vuole farsi accompagnare da lui per farsi raccomandare ai soccorritori. *Apprende* così che Savastano è sicuramente morto assieme a tutta la sua famiglia. Allora si precipita al porto e, ai marinai *si spaccia*, parlando in francese, per il console russo. Ha fortuna: c'è una squadra di *dissotterratori*. Tre ore dopo, i russi portano in salvo la piccola Caterina, che non è nemmeno ferita, ma per sua madre non c'è più niente da fare. Da quel momento in poi però Carlo Demaria dovrà continuare a fingere di essere il console russo. Gli

scavare, fare buchi dentro qualcosa o in terra
municipio, sede del sindaco di una città
consigliere, politico che aiuta il sindaco nel suo lavoro
badile, zappa
stremato, stanchissimo
indomani, il giorno dopo
scorgere, vedere in lontananza
marina, parte di un esercito che opera sul mare
console, diplomatico
apprendere, venire a sapere
spacciarsi, fingere di essere qualcuno
dissotterratore, operaio che scava e porta alla luce qualcosa

viene *approntata* una tenda sulla quale *sventola* la bandiera dello Zar.

Nel tardo pomeriggio del giorno stesso del terremoto, il marchese Stefano Longhitano riempie una valigia di denaro, si mette in tasca dei *gioielli* e un oggetto di enorme valore e se ne parte in carrozza da Girgenti, un tempo Akragas, alla volta di Messina. 5

Sua moglie si trova lì da tre giorni, ospite di Irina Kropotkin, sua amica, una russa che da anni ha sposato il barone Giummarra. È disposto a spendere fino all'ultimo centesimo che possiede pur di ritrovarla. 10

Arriva a Messina nel pomeriggio del giorno seguente, alle porte di quella che fu la città ha dovuto abbandonare la carrozza e proseguire a piedi con la valigia in mano. Palazzo Giummarra non esiste più. 15

Disperato e in lacrime va in municipio. Che consiste in un tavolo e un *impiegato* e davanti al quale c'è una fila di persone.

Mentre aspetta il suo turno apprende che i russi usano fare l'*elenco* di tutte le persone da loro salvate. 20 Non se la sente di attendere oltre. Lascia la fila e corre al porto. Nota una tenda all'ingresso della quale un *cartiglio* reca scritto: Consolato di Russia. Vi entra.

"Desiderate?", gli domanda Demaria nel suo *ruolo* di finto console. 25

approntare, preparare
sventolare, agitarsi nel vento
gioiello, pietra preziosa
impiegato, chi svolge un lavoro dipendente
elenco, lista
cartiglio, foglio con una scritta
ruolo, incarico

Il marchese gli racconta tutto.

Demaria consulta alcuni elenchi. Poi alza gli occhi, sorride e dice:

"Sono stati estratti vivi dalle macerie tutti e tre.
5 Sono *ricoverati* a bordo della nave ammiraglia".

"Potrei vedere mia moglie?", domanda il marchese.

"Vedrò quello che posso fare", risponde il finto console.

Dopo l'incontro con la moglie, Stefano Longhitano
10 sembra impazzito dalla gioia.

Vuole scoprire la squadra che ha tirato fuori la sua Angela per ricoprirla di denaro. Ma il falso console l'informa che l'ammiraglio ha dato un preciso ordine ai suoi equipaggi: rifiutare, con ferma gentilezza, i
15 *doni* della popolazione riconoscente. Il marchese è costretto a non servirsi della valigia.

Due giorni dopo la signora Angela viene *dimessa* dall'ospedale di bordo. Ma prima di ripartirsene con la moglie per Girgenti, il marchese vuole ringraziare
20 di persona l'ammiraglio Litvinov.

E miracolosamente ci riesce, attraverso i buoni uffici di Demaria.

L'incontro è brevissimo. Al momento di *congedarsi* dall'ammiraglio, il marchese estrae dalla tasca una
25 scatolina, l'apre.

Dentro c'è una piccola moneta d'oro.

---

ricoverare, sistemare qualcuno in qualche posto
dono, regalo
dimettere, lasciare uscire
congedarsi, salutare

24

"È una *rarità* assoluta", spiega. "Si tratta di una moneta che venne coniata ad Akragas intorno al 400 a.C. durante l'assedio dei Cartaginesi. Al mondo, pare che non ce ne sia altro *esemplare*."

5   Demaria *impallidisce*. Ma non gliel'ha detto e ridetto che l'ammiraglio ha ordinato ai suoi di rifiutare i doni della popolazione?

Perciò assai *si stupisce* quando vede Litvinov accettare il regalo.

10   "Grazie", dice l'ammiraglio. "Se lei non ha nulla in contrario, mi permetterò di farne dono al mio Zar che è un numismatico *appassionato*." Il marchese *s'inchina*.

"Anzi. Ne sarò *onoratissimo*."

Quattro
L'incidente

Cosimo tiene un oggetto *minuscolo*, rotondo, *splen-*
15   *dente*. Il dottore si china dal cavallo sporgendosi tutto di lato per vedere meglio. Ha capito subito che si tratta di una moneta antica mai vista prima.

Anche Ernesto, vinto dalla curiosità, ha fatto un passo avanti e si è *frapposto* tra la mano alzata di

---

rarità, oggetto molto difficile da trovare
esemplare, pezzo molto raro
impallidire, diventare pallido
stupirsi, meravigliarsi
appassionato, pieno di passione, di interesse
inchinare, incurvarsi in atto di rispetto
onorato, chi si sente pieno di rispetto per qualcuno
minuscolo, molto piccolo
splendere, brillare
frapporre, mettersi in mezzo

Cosimo e lo sguardo del dottore.

"Tu levati!" urla subito quest'ultimo.

I tre contadini si *terrorizzano*. Che gli sta succedendo? Cosimo abbassa il braccio.

"Fammi vedere!", ordina il dottore a Cosimo. Che 5 risolleva il braccio e rimane immobile così, il sorriso gli è scomparso dalla faccia, non *s'attenta* nemmeno a respirare.

Il dottore si china ancora di più.

Ha avuto modo di vedere pubblicata su una rivista 10 la moneta regalata dal marchese Longhitano all'ammiraglio Litvinov e da questi donata allo zar Nicola. La rivista *smentisce* il marchese, quella moneta non è unica, ce n'è un'altra a Londra. Nel *recto* della moneta dello zar c'è un'aquila ad ali chiuse che *ghermisce* 15 una *serpe*. In quella che ha in mano Cosimo l'aquila invece ha le ali aperte e tiene tra gli'*artigli* una lepre.

Per un attimo, il dottore ha una leggera *vertigine*.

Vorrebbe dire a Cosimo di girare la moneta per vederne l'altro lato, ma la voce non gli esce dalla 20 gola.

Si sforza, ci riesce.

"Voltala"

Ha urlato più forte di prima. Cosimo chiude gli occhi e rigira la monetina. 25

---

terrorizzare, seminare paura, diffondere paura
attentarsi, provare a fare qualcosa
smentire, non credere a qualcuno, contraddire
recto, lato più importante di un oggetto
ghermire, afferrare
serpe, la vipera è una serpe
artiglio, vedi illustrazione, pag. 9
vertigine, giramento di testa

coppola

sella

staffa

Adesso il dottore distingue un granchio e un pesce. In quella dello zar c'è solo un granchio.

Non è possibile dubbio alcuno.

Probabilmente sta vedendo l'unico esemplare co-
5 nosciuto al mondo dell'ultima coniatura, in pochissi-
mi esemplari, di monete *auree* akragantine prima della distruzione della città.

Il dottore, *scordandosi* di essere su un cavallo, *pro-
tende* la mano e avanza di un passo per farsi dare la
10 moneta.

E, naturalmente, *rovina giù*.

aureo, d'oro, fatto di oro
scordare, dimenticare
protendere, stendere in avanti
rovinare giù, cadere

28

zappa

Il piede destro gli rimane infilato dentro la *staffa*. Il *malleolo* fa un suono secco, come di *ramo* spezzato.

Il dottore viene rimesso in *sella* dai tre contadini, pieni di attenzioni.

Si trattiene *a stento* di gridare dal dolore. Si dirige verso l'ospedale di Girgenti scortato da 'Ntonio con la sua mula.

Prima di allontanarsi ha pregato Ernesto di andare a Vigàta per avvertire 'Ndondò e Michele dell'incidente che gli è capitato.

Solo quando è al letto dell'ospedale gli torna a mente il momento dell'incidente.

Non è vero che si è completamente dimenticato che era a cavallo. Se n'è scordato *parzialmente*. Ha solo fatto due movimenti *contemporaneamente*. Le cose sono andate certamente così.

Come è anche certo d'aver visto la preziosa moneta cadere a terra dalla mano di Cosimo.

L'avrà ritrovata? L'avrà raccolta? O l'avrà abbandonata lì, *ignaro* del suo valore?

L'unico esemplare della "piccola Akragas", come

---

malleolo, osso della caviglia
ramo, braccio dell'albero
a stento, con difficoltà
parzialmente, in parte
contemporaneamente, allo stesso tempo
ignaro, chi non sa

l'hanno chiamata gli studiosi che ne hanno *ipotizzato* l'esistenza e da lui appena intravisto, è destinato a scomparire di nuovo e per sempre?

In ospedale il dottor Gibilaro trascorre lunghi giorni
5 d'attesa e d'ansia. Tra Natale e Capodanno non fa che piovere.

E il dottore comincia ad avere degli *incubi* ad occhi aperti.

È diventato nervoso. Litiga continuamente con 'Ndon-
10 dò' che *si è trasferita* a Girgenti per assisterlo meglio. Anche Michele *prolunga* le vacanze per stargli accanto. Ci sono giorni nei quali il dottore vorrebbe *confidarsi* col figlio, raccontargli tutto quanto e magari mandarlo a cercare Cosimo per sapere se ha ancora la moneta.

15 Ma all'ultimo momento qualcosa glielo impedisce.

Non sa darsene una spiegazione. Vuole ancora tenere per sé il segreto?

Quando può finalmente cominciare a camminare con la *stampella* viene preso da un *delirio motorio*.
20 Non riesce a stare fermo dentro la sua camera, deve percorrere avanti e indietro il lungo corridoio anche di notte, disturbando gli altri *pazienti*. I *dirigenti*

---

ipotizzare, supporre, attribuire
incubo, sogno che mette paura
trasferirsi, cambiare luogo, andare in un altro luogo
prolungare, allungare, rendere più lungo
confidarsi, rivelare segreti
stampella, bastone per sorreggersi
delirio, malessere, intontimento
motorio, che riguarda i movimenti del corpo
paziente, chi è malato
dirigente, chi comanda qualcosa o qualcuno

dell'ospedale *s'affrettano* a rispedirlo a Vigàta, affidandolo alle cure del dottor Giacomo Pegoraro che l'ha sostituito in paese durante la sua *degenza*.

Il pomeriggio dello stesso giorno che è tornato a casa, il collega Pegoraro lo viene a trovare sia per visitarlo sia per dargli notizie dei pazienti. È un giovane simpatico. 5

"Per prima cosa ti devo informare che Amalia Cusumano è morta." E questo se l'aspettava.

"Senti, ti risulta che dalle parti nostre ci siano stati 10 casi di malattia del sonno?", gli domanda il collega.

"Che io sappia, no."

"Beh, Tallarita se l'è presa. Ha arricchito la sua ricca collezione!"

A proposito di collezione… 15

"Hai avuto modo d'incontrare un contadino zoppo che si chiama Cosimo Cammarota?"

La domanda gli è venuta fuori prima che potesse trattenerla. "No", gli risponde Pegoraro.

Dopo tre giorni ha gettato via la stampella sostituen- 20 dola col *bastone*. Poi ha gettato via anche il bastone. Cammina normalmente, non avverte nessuno fastidio. Ma Pegoraro, che l'ha preso in cura, gli ha proibito di montare a cavallo ancora per una settimana. Ai malati delle campagne provvederà ancora 25 lui, il collega riprenda ad occuparsi dei pazienti che stanno in paese.

---

affrettarsi, fare qualcosa subito
degenza, permanenza in qualche luogo
bastone, vedi illustrazione, pag. 51

Poi arriva la *sospirata* alba.

Il dottor Gibilaro apre gli occhi alle quattro e mezzo, si stira, scende dal letto… E sente la voce di 'Ndondò, sveglissima:

5   "Ma proprio proprio devi uscire?"

Non le risponde. Va in cucina.

Mai un caffè gli è parso tanto buono come quello.

Cinque
Cosimo sparisce

È quasi l'una quando, dopo aver terminato di visitare tutti i pazienti vecchi e nuovi, prende il sentiero 10 dello Sperone. Arriverà in ritardo per il pranzo. Inevitabile una litigata con 'Ndondò.

A distanza scorge i tre contadini che zappano. Quand'è vicino, i tre alzano la testa a guardarlo.

Stupito, si rende conto che non li conosce, mai 15 visti prima, così come loro non conoscono lui.

È *disorientato*.

"Scusate", dice ad alta voce.

Uno dei tre lascia la zappa.

"Che desidera?"

20   "Sono il dottor Gibilaro. Prima di voi qua lavoravano tre contadini che si chiamano Cosimo, 'Ntonio ed Ernesto. Li conoscete?"

"No. Noi siamo di Girgenti."

"Ah. E sapete se…"

25   "Niente sappiamo e niente vogliamo sapere", ta-

---

sospirato, molto atteso
disorientato, confuso

glia corto il contadino voltandogli le spalle e tornando a zappare.

"Ma se ti dico che avevo tre malati nuovi! Il tempo ci vuole!"

"Due", *ribatte* 'Ndondò.   5

"Come due? Ti dico che i nuovi sono tre!"

"Sono tre nuovi, ma siccome te ne morì uno vecchio, tre meno uno fa due."

"La verità vera", continua la moglie, "è che tu non è che visiti un malato e t'accontenti. Nossignore, ti   10
devi informare come stanno tutti in famiglia. E così perdi un sacco di tempo."

In questo 'Ndondò ha ragione. Non si tratta solo di interesse professionale, ma di profonda curiosità umana. Lui è fatto così. Di ogni suo paziente vorreb-   15
be sapere tutto della sua vita privata, fin dalla nascita.

A proposito di sapere tutto, di Cosimo Cammarota non sa nemmeno dove abita. No, è più giusto dire che sa che vive in una *casupola* solitaria in *contrada* Belfico, ma non ha mai avuto occasione d'andarlo a   20
trovare.

Sa però come arrivarci.

Sono quasi le sette del mattino quando arriva davanti alla casetta di Cosimo. La porta è *sbarrata* da un catenaccio nuovo. La finestrella è chiusa dall'interno.   25
Il dottore ricorda, perché gliel'ha detto lo stesso

ribattere, rispondere subito
casupola, piccola casa
contrada, zona di periferia di un paese
sbarrare, chiudere con qualcosa

contadino, che Cosimo quando si reca a lavorare non chiude mai la porta della sua abitazione.

E poi sono evidenti i segni dell'abbandono… Che sia morto?

5 Stavolta il suo giro dei pazienti è come lo vorrebbe 'Ndondò. Senza perdite di tempo. Tanto che alle dodici e mezzo è di nuovo a Vigàta. Sale le scale del Municipio, Entra all'*ufficio anagrafe*.

"Vorrei sapere se c'è una denunzia di morte di un 10 tale Cosimo Cammarota."

Non risulta nessuna denunzia di morte.

Torna a casa puntualissimo, sì, ma senza voglia di mangiare.

La mezz'ora dedicata al sonnellino pomeridiano in 15 poltrona la passa sveglio. A ragionare sulla scomparsa di Cosimo. È chiaro che se n'è andato via.

E forse una spiegazione c'è.

La sua *reazione* alla vista della piccola Akragas avrà fatto nascere in Cosimo l'idea che la moneta possa 20 valere una fortuna. Come in realtà è. E sarà andato a consultarsi con suo figlio Pietrino nel carcere di Girgenti. E quello l'avrà messo in contatto con qualche *ricettatore*. Che gli avrà dato in cambio quattro soldi, ma sempre tanti per un morto di fame come Cosimo.

25 Sì, può essere andata così. In questo caso, addio moneta.

Ma perché abbandonare la casupola dove ha sempre vissuto? I contadini sono come i gatti, non abbandonerebbero mai il loro *territorio*. Col denaro avuto

ufficio anagrafe, ufficio dove si registrano gli abitanti di un luogo
reazione, qui: movimento di sorpresa
ricettatore, chi commercia cose rubate
territorio, zona di un luogo, di una regione

dal ricettatore avrebbe potuto farla rimettere a posto, viverci meglio…

No, c'è qualcosa che non *quadra*.

L'indomani mattina che il sole è comparso da un'oretta, il dottore smonta da cavallo e bussa alla porta della casetta Cusumano. Compare Jolanda.

"Ah, siete Voi? Avete bisogno di qualcosa?"

"Un favore."

"A disposizione."

"Tu o le tue sorelle conoscete un contadino zoppo, che abita in contrada Belfico e che di nome fa Cosimo Cammarota?"

"No", risponde sicura Jolanda.

"Ecco, mi dovete fare il piacere di vedere se tra quelli che vi vengono a trovare qualcuno lo conosce o ne sa qualcosa. Ho bisogno di parlare a questo Cosimo."

"Non mi sapete dire altro?"

"Lui a dicembre dell'anno passato lavorava con due compagni, 'Ntonio Prestia ed Ernesto Ficarra. Magari potresti parlare pure con loro."

"State sicuro che appena so qualcosa…"

Tre giorni *appresso* non Jolanda, ma Grazia, la *mediana*, è in grado di riferirgli una notizia importante.

"Dottore, nemmeno a farlo apposta, il primo giorno che venni a lavorare qui, sa chi si è presentato? Bastiano, che mi disse che è figlio di 'Ntonio Prestia."

Il dottore ha un *sobbalzo*.

---

quadrare, combaciare, fare un conto giusto
appresso, dopo
mediana, quella di mezzo
sobbalzo, piccolo salto di sorpresa

"Che ti raccontò di Cosimo?"

"Che suo padre è preoccupato perché non ne ha notizie."

"Glielo dicesti che vorrei parlare con 'Ntonio?"

5 "Sì, sì."

Quello stesso dopopranzo bussano alla porta. 'Ndondò va ad aprire. Poi annunzia al marito che in *anticamera* c'è un contadino di nome 'Ntonio Prestia. Il dottore *balza* in piedi e dice:

10 "Fallo accomodare in salotto".

Si stringono la mano. Prestia siede sull'*orlo* della poltrona.

"Com'è che non lavorate più allo Sperone?"

"Dottore, la faccenda andò così. Quella maledetta

15 mattina che cadde da cavallo, se si ricorda, mandò qua Ernesto ad avvertire sua moglie, mentre io con la mia mula l'accompagnai all'ospedale."

"Mi ricordo benissimo."

"Quando tornai allo Sperone, trovai Cosimo e Erne-

20 sto che mi aspettavano. Mi diedero una brutta notizia."

"E cioè?"

"Era passato la guardia del barone Loduca e non aveva trovato a lavorare né me né Ernesto. Cosimo aveva tentato di spiegargli com'era andata la cosa,

25 ma non c'era modo, la guardia si è arrabbiata e aveva *licenziato* tutti e tre."

"E così avete perso il lavoro per causa mia?"

"Sì, sì, ma subito dopo Natale ne trovai un altro. Mi dissero di portare anche un compagno. Perciò andai

anticamera, parte anteriore di una casa, di una stanza
balzare, saltare di sorpresa
orlo, margine esterno
licenziare, mandare via

da Cosimo. Ma la porta era chiusa col catenaccio. E da quel giorno non ho saputo più niente.

"E Ernesto l'hai visto?"

"No, nemmeno lui da allora."

"Senti, mi ricordo che mentre cadevo la moneta *scivolò* a terra dalle dita di Cosimo." 5

"Vero è. Ma quando sono tornato dopo averla accompagnata a Girgenti ce l'aveva. Ce la fece vedere, a me e ad Ernesto. E ripeté che ce l'avrebbe regalata quando usciva dall'ospedale." 10

Malgrado quello che ha appena finito di dire 'Ntonio, il dottore non riesce a trattenersi.

"E se avesse cambiato idea?"

"Su che cosa?"

"È possibile che la moneta Cosimo se l'è venduta. 15 Vale assai."

"Che valeva assai l'avevamo capito tutti e tre. Ma voi fate un errore a pensarla così. Cosimo è uomo di parola. Quando dice una cosa, è quella."

Si è appena *coricato*. Sta per spegnere il lume quan- 20 do 'Ndondò lo ferma. "Aspetta. Voglio andare a vedere se il *braciere* è spento."

Torna, si infila sotto le *coperte*.

"Era spento. Ma l'unica è sempre d'andare a vedere."

La frase di sua moglie gli *penetra* nel cervello. 25

"L'unica è sempre d'andare a vedere."

Perché no?

scivolare, sfuggire dalle mani
coricarsi, andare a letto
braciere, conca di un caminetto
coperta, copertura pesante sul letto
penetrare, entrare con forza

37

Sei
La scoperta

Mentre *si rade*, si *rafforza* ancora di più nella decisione presa. Appena fuori di casa, si dirige verso contrada Belfico.

Lega il cavallo, si avvicina alla porta, la considera.
5 Sì, è proprio come aveva pensato, con un calcio viene giù. Si guarda attorno. La solitudine è assoluta.
Piglia una lunga *rincorsa*, *sferra* una potente, alta *pedata*.
Controlla il risultato. La porta è ancora retta dal
10 *cardine* inferiore.
Il secondo calcio è quindi destinato alla parte bassa e ottiene lo stesso effetto del primo.
Ora basta una buona *spallata*. Gliela dà, si fa un male del diavolo, al braccio, ma la porta *si scardina*.
15 Fa per entrare ma il *fetido* odore dentro lo costringe a restare fuori.
Il *riquadro* di luce che entra dall'apertura illumina, parzialmente, un cadavere nudo. Solo le spalle e la testa non si vedono, restano immerse nella zona

---

radersi, tagliarsi la barba
rafforzarsi, essere sicuro di qualcosa
rincorsa, tratto di distanza da fare in corsa
sferrare, colpire con forza
pedata, colpo dato con il piede
cardine, sostegno laterale della porta
spallata, colpo dato con la spalla
scardinarsi, uscire dal cardine, rompersi del cardine
fetido, nauseante
riquadro, zona quadrata

d'ombra. Ma quel cadavere, non ha dubbi, non può essere che di Cosimo.

Assassinato.

Assassinato, sì.

Perché altrimenti non si spiegherebbe il catenaccio 5
alla porta. Che è stato messo lì per ritardare la scoperta del delitto, facendo credere che Cosimo se fosse andato.

Entra dentro, spalanca la finestrella, riesce.

La maggiore *ventilazione* porterà via più in fretta il
fetore.   10

---

ventilazione, flusso di aria, di vento
fetore, puzza

Dopo una ventina di minuti ce la fa a entrare.

Sulla fronte di Cosimo il largo *squarcio* che ne ha provocato la morte è evidentissimo. Del resto, una sbarra di ferro *intrisa* di sangue è a terra, a un passo
5   dal cadavere.

Sul tavolo, un fiasco di vino e due bicchieri sporchi. Cosimo doveva essere in buoni rapporti con il suo assassino se gli ha offerto da bere.

Perché Cosimo è nudo?

10   È stato l'assassino a spogliare Cosimo dopo averlo ucciso e a portarsi via il vestito che indossava. Si guarda attorno. Nella casupola non c'è un *armadio*, Cosimo teneva le sue povere cose *appese* a un fil di ferro tirato da una parete all'altra di un angolo dell'u-
15   nica stanza.

Un paio di pantalonacci, una camicia e una giacca li avrà pur avuti, no?

Invece dal filo non pende niente, l'assassino si è impadronito di tutto. Ma perché? Anche stavolta la
20   risposta gli arriva *immediata*.

L'assassino si è preso gli *indumenti* di Cosimo per poterli *perquisire*. Perché la piccola Akragas è veramente minuscola.

E dunque…

25   E dunque l'assassino è uno che era a conoscenza dell'esistenza della moneta e che sapeva che era in possesso di Cosimo.

> *squarcio,* grande taglio
> *intridere,* bagnare molto
> *armadio,* mobile dove riporre oggetti o vestiti
> *appendere,* agganciare in alto
> *immediato,* che arriva subito
> *indumento,* vestito
> *perquisire,* esplorare

E qui non ci sono dubbi.

In quanti sapevano della moneta?

In quattro, compreso Cosimo.

Lui non l'ha ucciso. Perciò…

O 'Ntonio Prestia o Ernesto Ficarra.

Un momento, non bisogna correre subito alle conclusioni. La fretta porta con sé un'altissima possibilità d'errore.

Intanto, non ha la certezza che Cosimo non abbia parlato della moneta con nessun altro.

Continua a guardare attorno nella camera perché c'è qualcosa che non lo convince. Cosimo era un uomo ordinato e i pochi oggetti che quotidianamente gli servivano erano al loro posto… Ecco di cosa si tratta: l'assassino non ha perquisito la camera, convinto che Cosimo si portasse sempre addosso la moneta.

E se per una volta Cosimo la moneta l'ha invece nascosta lì dentro da qualche parte? Non conviene fare un tentativo?

Niente. Torna a Vigàta.

Paolino Melluso, il *delegato* della *P.S.,* si alza dalla *scrivania*, gli va incontro con la mano tesa.

"Dottore carissimo!"

Non si può dire che siano amici, ma le rare volte che va al *circolo*, Gibilaro lo sceglie compagno di *scopone scientifico*.

delegato, incaricato di un lavoro
P.S., Pubblica Sicurezza
scrivania, tavolo di lavoro di un ufficio
circolo, club, associazione
scopone scientifico, gioco di carte

Il dottore gli racconta che il 20 dicembre aveva incontrato Cosimo Cammarota, suo vecchio paziente, il quale gli aveva detto d'essere preoccupato perché ogni tanto avvertiva forti dolori al petto. E si erano lasciati con l'intesa che Cosimo sarebbe venuto a Vigàta a farsi visitare subito dopo il periodo delle feste. Sennonché lui quel giorno stesso era caduto da cavallo e la faccenda gli era uscita di mente.

Se ne era ricordato quella mattina e siccome si trovava a passare da contrada Belfico aveva deciso di andarlo a trovare. E aveva fatto una terribile scoperta.

La storia regge e non saranno certo né 'Ntonio né Ernesto a smentirla.

Melluso è uno *sbirro* bravo.

"La porta lei l'ha trovata appoggiata al muro?"

"Sì."

"E c'era il catenaccio?"

"Sì."

"E Cammarota sarebbe stato assassinato dentro la camera?"

"Sicuramente."

"Non trova strano, per non dire assurdo, che l'assassino abbia prima chiuso da fuori la porta col catenaccio e poi l'abbia forzata per entrare e ammazzarlo?"

No, bisogna mettere Melluso sulla buona strada.

"Ma è possibile che il catenaccio l'abbia messo l'assassino dopo l'omicidio per ritardarne la scoperta e che a forzare la porta sia stato, successivamente, un ladro."

"Un ladro? E che avrebbe potuto rubare?"

Si dà la risposta da sé.

"Per quanto, con la fame che c'è in giro, ucciderebbero per rubare un paio di scarpe vecchie."

| *sbirro*, poliziotto

Sette

La falsa *pista*.

Il dopopranzo di tre giorni dopo, l'*infermiera intro-duce* nello studio del dottore un paziente inatteso.

È il delegato.

"Ha bisogno di me, signor Melluso?"

Niente di serio, credo. Durante una *colluttazione* 5
con un ladro di polli che stavo arrestando, mi sono fatto male a questo *polso*. Gli vuole dare un'occhiata?"

Niente di serio, è vero.

Ma è evidente che il delegato è venuto soprattutto per parlargli del delitto Cammarota. 10

E deve avere qualcosa di grosso da comunicargli.

"Può dedicarmi cinque minuti?"

"Anche dieci."

"Lei che è un uomo di scienza, mi saprebbe dire se un uomo intelligente è intelligente sempre?" 15

"Se uno è intelligente, lo è sempre. Ma si può dare il caso che un uomo intelligente si comporti da creti-no. Avviene spesso quando si è innamorati."

"Vero è."

"Perché mi fa questa domanda?" 20

"Lo sa? Quando, dopo la sua *segnalazione*, mi sono recato con due agenti in contrada Belfico… mentre osservavo il cadavere di quel povero contadi-

---

pista, traccia di percorso
infermiera, chi assiste i malati in ospedale
introdurre, fare entrare
colluttazione, lotta
polso, parte del braccio che regge la mano
segnalazione, informazione

no, ho avuto all'improvviso come un'illuminazione, un *lampo* d'intelligenza…"

"Che ha scoperto?"

"Per la verità non ho scoperto niente, ma ho fatto, come dire, un *collegamento*".

"Con cosa?"

"Ho collegato il padre al figlio."

"Vuole spiegarsi meglio?"

"Lei sa che il figlio di Cosimo, Pietrino, sta *scontando* una condanna per avere assassinato un giovane *carrettiere*, tale Michele Bonavia?"

"Sì, lo sapevo."

"Il suo collega Manfredonio, che ha eseguito la *necroscopia* di Cammarota, è assolutamente certo che il delitto sia avvenuto nei giorni attorno al Natale dell'anno scorso."

Dallo stato del corpo di Cosimo, non può che *concordare* col *medico legale*.

"Ebbene", rivela il delegato. "Pietrino assassinò Bonavia nella notte tra il 23 e 24 dicembre di tredici anni fa."

Fa una pausa *sapiente* e poi domanda:

"Non le sembra una strana *coincidenza*?"

Non è una parola che gli piace.

"Io non credo tanto alle coincidenze."

---

lampo, idea, luce mentale che chiarisce qualcosa
collegamento, unione di due o più cose o idee
scontare, stare in prigione
carrettiere, chi guida un carro
necroscopia, esame di un cadavere
concordare, essere d'accordo
medico legale, medico del tribunale
sapiente, chi sa, chi pensa meditando
coincidenza, situazione simile ad un'altra

"Non ci crede?!"

"Esistono sì, ma siamo noi che le vediamo come tali. Comunque continui."

"Bonavia", prosegue il delegato, "lasciò un figlio che allora aveva cinque anni, Saverio."

E che ora quindi sarebbe diciottenne.

Di colpo, il dottore capisce dove Melluso sta andando a *parare*.

Eh no, bisogna correre subito ai ripari. Il delegato sta facendo confusione.

Che c'entra questo Saverio?

"Lei quindi sospetta che questo Saverio abbia voluto compiere una vendetta contro Pietrino? La vita di tuo padre contro la vita di mio padre?"

"Ho buoni motivi per pensarlo, no?"

"Ma mi spiega perché avrebbe aspettato tredici anni?"

"Va a sapere… Avrà voluto aspettare la maggiore età o avrà avuto qualche altro motivo…"

"Va bene, ma che motivo aveva Saverio di *denudare* il corpo e prendersi quello che indossava?"

Melluso sorride.

"Lei evidentemente è del tutto all'oscuro su come Pietrino ammazzò Bonavia.

"In effetti non ne so niente."

"Gli spaccò la fronte con una pietra. Poi gli levò gli abiti e lo gettò dentro un pozzo."

"Perché lo spogliò?"

"Al processo non ha saputo darne una spiegazione. Comunque, troppe coincidenze, non le pare? Anche se lei non ci crede. È come se l'assassino ci avesse messo la firma."

parare, concludere, fare conclusioni su qualcosa
denudare, mettere a nudo

Il dottore però non *desiste*.

"Scusi, ma perché, dato che c'era, non ha gettato il cadavere di Cammarota nel pozzo? Ce n'è uno appena fuori dalla porta!"

5   Il delegato alza le spalle.

È inutile continuare a discutere con Melluso.

"Che intende fare?"

"Domattina arresto Saverio Bonavia."

Andato via Melluso, il dottore dice all'infermiera di
10 non fare entrare nessuno per un quarto d'ora.

Si sente confuso. Ha ragione il delegato, le coincidenze tra i due delitti ci sono, eccome.

A meno che le coincidenze non siano state volute dall'assassino per far ricadere la colpa su Saverio.
15 Perché certamente 'Ntonio ed Ernesto sono a conoscenza dei *dettagli* dell'omicidio commesso da Pietrino, chissà quante volte ne avranno parlato con Cosimo nelle lunghe ore di lavoro sui campi.

Basta, non c'è altro da fare che portare pazienza e
20 attendere gli sviluppi dell'*indagine*.

Alle sette del mattino, mentre risale il sentiero Bonocore, il dottore deve dare strada a un *corteo* che procede lentamente diretto a Vigàta.

In testa, a cavallo, c'è il delegato Melluso. Dalla
25 sua sella si parte una lunga corda che è attaccata alle *manette* che *serrano* i polsi di un diciottenne che pro-

---

desistere, rinunciare
dettaglio, particolare di qualcosa
indagine, inchiesta
corteo, fila di gente
serrare, chiudere, stringere

manetta

cede *appiedato*. Dietro ci sono due poliziotti anche loro a cavallo.

Il dottore e il delegato si salutano.

"Posso venire a trovarla nel pomeriggio?", domanda il dottore.

"Lei è padronissimo."

Gibilaro è rimasto colpito dal diciottenne.

Aveva un'espressione assolutamente *indifferente*, come se quella storia non lo riguardasse. Anzi, c'era qualcosa di più.

Era come se non capisse d'essere arrestato.

Dopo il riposino, va a trovare il delegato.

"Com'è andata?"

"Malissimo!"

"Non ha confessato?"

"Guardi, dottore, sulle prime ho creduto che il ragazzo volesse fare il *furbo*."

"Perché?"

"Come, perché? Lei ci crede a uno che *asserisce* di non sapere che giorno viene dopo lunedì?"

"No."

"E non ci ho creduto nemmeno io, benedetto Iddio! Poi, a poco a poco mi sono dovuto convincere che avevo davanti a me un idiota totale. Poi è arrivata la madre. E ho *interrogato* lei."

"Che le ha detto?"

---

appiedato, a piedi
indifferente, senza interesse, senza espressione
furbo, chi cerca di ingannare qualcuno
asserire, dichiarare con forza
interrogare, fare domande a qualcuno

"Mi ha dimostrato che Saverio non può avere ammazzato Cammarota."

"E come?"

"Mi ha detto che suo figlio si era dovuto presentare al *Distretto* per la *visita di leva* il 20 dicembre dell'anno scorso. Che dal Distretto era stato direttamente trasferito all'ospedale militare dove è stato trattenuto fino al 7 gennaio perché *tubercolotico*."

Quella sera stessa, dopo la partita di carte al circolo, il dottore invita il delegato a fare una passeggiata.

Ha pensato a lungo come mettere Melluso sulla strada giusta e gli pare d'avere trovato la soluzione.

"Voglio dirle una cosa che può essere importante per il delitto Cammarota."

"L'ascolto."

"Poco prima che chiudessi lo studio, ho visitato un contadino che mi ha riferito una voce che *circola* tra le campagne."

"E cioè?"

"E cioè che Cosimo, qualche giorno avanti d'essere ammazzato, aveva trovato, zappando allo Sperone, una specie di tesoro."

Melluso lo guarda e poi scoppia in una risata.

Distretto, Ufficio Militare
visita di leva, visita medica militare
tubercolotico, malato di tubercolosi
circolare, essere diffuso

Otto

Peripezie di un arresto

"Una *trovatura*?", dice il delegato. "Ma è il sogno di tutti i contadini."

"Pare che Cosimo di monete ne abbia trovata solo una, d'oro."

"E che valore può avere una monetina così?" 5

"Immenso. Glielo dico da numismatico."

Il delegato diventa serio.

"Scusi, ma se non l'ha vista, come fa a…"

"Non l'ho vista, ma il contadino me l'ha descritta bene. A sua volta l'ha avuta descritta da un contadino 10 che l'ha veduta coi suoi occhi."

"Ah!", fa il delegato.

E per un po' se ne resta zitto.

"Mi faccia il nome di questo contadino", dice tutto a un tratto. 15

"Di quale?"

"Del suo paziente."

"Non posso. Prima di raccontarmi questa storia si è fatto dare la parola d'onore che non avrei mai fatto il suo nome." 20

"Lo sa che lei sta *intralciando* le indagini?"

"Non sia ridicolo. Sono io che le ho appena aperto una nuova strada, forse la giusta."

Il delegato assume un'aria *sdegnata*.

"Però un nome glielo potrei fare", dice il dottore. 25

---

peripezia, evento difficile
trovatura, rinvenimento, ritrovamento
intralciare, rendere difficile qualcosa
sdegnato, offeso

"Di chi?"

"Del contadino che ha visto la moneta tra le mani di Cammarota,"

"Sarebbe?"

5 "Ernesto Ficarra."

Non gli ha fatto il nome di N'tonio Prestia. Non lo ritiene assolutamente capace di uccidere.

Così il delegato, dopo aver appreso il nome di Ernesto Ficarra di venerdì sera, decide di andarlo a 10 prendere la domenica mattina. In questo modo, sarà sicuro al novanta per cento di trovarlo ancora a letto.

La domenica alle cinque, prima di partire, Melluso fa alcune raccomandazioni ai due agenti che l'accompagnano, Gammacurta e Lodico. Spiega loro 15 che la persona che stanno andando a prendere, sia dalle carte sia dalle voci raccolte in paese, sembra assolutamente perbene e tranquilla....Ma, come si usa dire, l'occasione non solo fa l'uomo ladro, ma lo fa anche assassino. Potrebbe essere questo il caso di 20 Ficarra. Quindi, *accorti*: non è detto che, vedendoli, non perda la testa un'altra volta. E in casa tiene un *fucile* da caccia. Ci siamo capiti?

Scendono da cavallo a una ventina di metri dalla casetta, legano le briglie degli animali agli alberi e 25 procedono a piedi.

La casetta è a un piano, davanti ha un piccolo *spiazzo*, un orto intorno e un pozzo. La porta e le finestre sono chiuse.

fucile

accorto, chi presta attenzione
spiazzo, piccola area libera di terreno

50

Sono arrivati allo spiazzo. Gammacurta tiene sotto *mira* l'unico balcone del piano superiore, Lodico la finestrella accanto alla porta d'entrata. Melluso estrae il revolver e bussa col pugno sinistro.

"Aprite! Polizia!" 5

Dall'interno nessun rumore.

Melluso aspetta un po', poi ci riprova.

Anche stavolta nessuna risposta.

Fingono di non esserci o non ci sono per davvero?

Il delegato, con un *cenno*, chiama Lodico che è un 10 ragazzone di quasi due metri d'altezza e con certe spalle…

"Ce la fai a *sfondare* la porta?"

"E che ci vuole?"

Lodico si allontana per la rincorsa, poi parte. 15

"Ahhhhhhhhhhhh!"

L'urlo blocca Lodico a pochi centimetri dall'*obiettivo*.

I tre si voltano a guardare. Non si sono accorti che alle loro spalle è arrivata una contadina cinquanten- 20 ne, tutta vestita di nero, compreso lo *scialle* che le copre la testa. Nella mano destra tiene un bastone che agita minacciosamente.

bastone

scialle

"Perché mi volete sfondare la porta?" 25

E prima che i tre si riprendano dalla sorpresa: "Se non ve ne andate subito chiamo le guardie!".

---

mira, punto verso il quale si guarda
cenno, gesto
sfondare, buttare giù
obiettivo, punto dove si vuole arrivare

"Signora, siamo noi le guardie", *precisa* Melluso.

"Ah, me ne *compiaccio*! Siete guardie e sfondate le porte come i ladri?"

"Pensavamo che non ci fosse nessuno in casa."

5 "Ah, sì? E voi quando pensate che in una casa non c'è nessuno, sfondate la porta?"

Melluso ne ha abbastanza.

"Voi siete Clementina Ficarra?"

"Così pare."

10 "Vostro marito è Ernesto Ficarra?"

"Fu."

"Che significa fu?"

"Che una volta era mio marito."

"E ora non lo è più?"

15 "No."

"E perché?"

"Perché morì."

Il delegato *barcolla*. Riesce a fatica a parlare.

"Co…come morì?"

20 "Gli venne la *polmonite*."

"E qua…quando?"

"Il dieci dicembre dell'anno passato. All'ospedale di Montilusa."

"Ma la denunzia di morte è stata fatta?"

25 "E che ne so? A me dissero che ci avrebbero pensato quelli dell'ospedale."

"Signora, questa faccenda va assolutamente *chiarita*. Deve venire in paese con noi."

---

precisare, mettere in chiaro un'idea
compiacersi, essere lieto di qualcosa
barcollare, stare in piedi con difficoltà
polmonite, malattia dei polmoni
chiarire, spiegare

"Va bene, ma prima devo dare acqua all'orto. Vengo qui apposta tutte le mattine."

Lungo la via del ritorno, la vedova, dopo avere chiesto e ottenuto dieci minuti di sosta al cimitero, spiega che, dalla morte del marito, vive in casa della sorella. 5

"Le carte che le hanno dato all'ospedale dove sono?"

"Nella casa di mia sorella."

Infatti le carte ci sono. 10

E c'è anche un appuntamento che *recita*: "Spedita in data *odierna*, 10 dicembre 1909, *certificazione* di morte all'ufficio anagrafe di Vigàta".

Con l'*appunto* in tasca, nervosissimo, il delegato aspetta che si faccia mezzogiorno. Ora nella quale, 15 ogni domenica il sindaco Sorentino va a prendersi un cognacchino seduto a un tavolo del caffè Trinacria.

Quel giorno il sindaco è solo.

"Posso sedermi?"

"Caro delegato, averla con me è un piacere. Cosa 20 posso offrirle?"

"Una spiegazione."

"Che spiegazione?", domanda il sindaco *perplesso*.

"Su come funziona l'ufficio anagrafe di questo comune", risponde il delegato mettendogli sotto gli oc- 25 chi l'appunto.

recitare, spiegare con particolare attenzione
odierno, di oggi
certificazione, attestato
appunto, foglio di annotazioni, promemoria
perplesso, pieno di dubbi

Il sindaco lo legge e poi guarda sempre più perplesso Melluso. E questi gli spiega cos'è successo. Il sindaco si fa *scuro* in faccia. Chiama una guardia comunale.

"Trovami Ciccio Traina e digli che tra dieci minuti
5 lo voglio nel suo ufficio."

L'*equivoco* è presto spiegato. Traina, l'impiegato all'anagrafe, ricevuto il *certificato* di morte, l'ha *trascritto* regolarmente ma, come dire, *addebitandolo* a un *omonimo*. Che quindi sarebbe vivente. Che però
10 ha novantacinque anni. E che è assai difficile che possa avere spaccato la testa a Cosimo Cammarota.

Allora, a quanto pare, un Ernesto Ficarra in grado di *fregiarsi* del titolo d'assassino a Vigàta non esiste? A questo punto Ciccio Traina, per rifarsi dell'errore
15 commesso, *azzarda* timidamente:

"Ci sarebbe Calcedonio Ficarra".

Il sindaco e il delegato lo guardano stupiti.

"Che c'entra?", domanda Melluso.

"Beh, vede, qui da noi, a Vigàta, tanti che sono cono-
20 sciuti con un nome in realtà, anagraficamente, ne hanno un altro. È un uso locale. Attilio Germanà si chiama Pompeo, Aurelio Navarria si chiama Gastone..."

"E Calcedonio Ficarra come si chiama?", domanda ancora il delegato.

25 "Ernesto."

"E che fa?"

---

scuro, di espressione preoccupata del viso
equivoco, malinteso
certificato, attestato
trascrivere, copiare
addebitare, mettere in debito a qualcuno
omonimo, chi ha lo stesso nome di un altro
fregiarsi, essere segnalato
azzardare, avanzare un'ipotesi

"Il contadino zappatore."

"È sposato?"

"Sì."

"Ha figli?"

"No." 5

"Quanti anni ha?"

"Una quarantina."

"Dove abita?"

"Aspetti che guardo", dice Traina.

Purtroppo abita in contrada Sucameli. Una contra- 10
da che per metà appartiene a Vigàta e per l'altra metà
al comune di Montereale. Il delegato Melluso ha
un'*alzata d'ingegno*: andrà ad arrestare Ficarra alle
sette di quella sera stessa.

15

Arrivano alla casetta di Ficarra, la solita camera unica che serve per tutto, che è già buio. La porta è
chiusa, ma dalla finestrella *trapela* un filo di luce.

"Che facciamo?", *sussurra* Lodico all'orecchio del
delegato. "Sfonda la porta", ordina Melluso che non
ha voglia di perdere tempo. 20

Nove
Finalmente

La porta si spalanca fin troppo facilmente sicché Lodico va a finire lungo disteso sopra al letto. Che è
già occupato da una coppia nuda.

---

alzata d'ingegno, idea sorprendente
trapelare, passare con difficoltà
sussurrare, parlare sottovoce

La donna caccia un grido e si infila sotto la coperta, l'uomo cerca gli occhiali.

"Calcedonio Ficarra sei in arresto!", grida il delegato.

"Ma…Ma io non sono Calcedonio Ficarra!", *balbetta* l'uomo *inforcando* gli occhiali.

> *balbettare*, parlare male e ripetendo le sillabe
> *inforcare*, mettere addosso

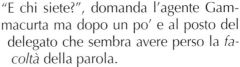

"E chi siete?", domanda l'agente Gammacurta ma dopo un po' e al posto del delegato che sembra avere perso la *facoltà* della parola.

"Sono il *ragioniere* Luparello capo *contabile* del comune di Montereale", *proclama* l'uomo saltando giù dal letto e infilandosi le *mutande*. Poi prende i pantaloni da una sedia, *agguanta* il *portafoglio*, ne estrae la *carta d'identità*, gliela *porge*. 10

"È vero", dice Gammacurta *restituendogliela*.

"Ma voi, siete la moglie di Calcedonio Ficarra inteso Ernesto?", domanda 15 Lodovico.

"Sìssignore!"

"E vostro marito dov'è?"

"E che ne so? Non lo vedo da qualche giorno. Mi ha lasciato sola e senza 20 un centesimo! E io come facevo a mangiare se non era per il ragioniere?"

Ripreso il controllo di sé, il delegato riesce a stabi-

---

facoltà, capacità
ragioniere, grado di chi lavora nell'amministrazione di un Ufficio
contabile, grado di chi in un Ufficio tiene i conti
proclamare, dire ad alta voce
mutande, indumento intimo sulla pelle
agguantare, afferrare con violenza
portafoglio, →
carta d'identità, tessera di riconoscimento
porgere, consegnare
restituire, consegnare indietro

lire che Ficarra è scomparso il giorno stesso nel quale è stato scoperto l'omicidio di Cammarota.

Non resta che *rintracciarlo*. Non sarà facile.

Quando apprende dalla bocca del delegato quello che è successo, il dottor Gibilaro comincia a formulare una spiegazione per tutto quello che sta accadendo.

Ma si tratta di una spiegazione che gli è nata contro le sue stesse opinioni d'uomo che della *logica* e della razionalità ha fatto una ragion di vita. E quindi non può che tenersela per sé, un pochino vergognandosi.

La spiegazione è questa: che la moneta stia esprimendo la sua volontà di non riapparire al mondo, di tornare nuovamente dentro quella terra dalla quale un giorno l'hanno tirata fuori.

Mentre proseguono le ricerche di Ficarra, il delegato *accumula* prove contro di lui.

Scopre dove è stato comprato il catenaccio, per la verità senza troppa fatica dato che a Vigàta c'è un solo negozio di *ferramenta*. Il cui *proprietario*, il signor Genuardi, si ricorda benissimo anche d'averlo venduto alla *vigilia di Natale* giorno più giorno meno, a un contadino "che rideva sempre".

Inoltre riceve una *soffiata* da un *informatore*. Pare

rintracciare, cercare
logica, capacità di usare bene il cervello
accumulare, mettere da parte
ferramenta, oggetti di uso domestico
proprietario, chi possiede qualcosa
vigilia di Natale, 24 dicembre, giorno prima di Natale
soffiata, informazione riservata
informatore, chi passa notizie a qualcuno

che un *antiquario* di Girgenti, Giulio Scibetta, abbia avuto tra le mani la moneta, ma che si sia rifiutato di comprarla a causa dell'evidente *provenienza illegale*.

Prima di andarlo a trovare, Melluso si fa addirittura fare dal dottor Gibilaro un disegno della moneta. 5

"Sì, era proprio questa", dice Scibetta osservando il disegno. "Ma l'ho rispedita al *mittente.*"

"Ha fatto benissimo", l'elogia Melluso. "E farà ancora meglio se mi dirà il nome del mittente."

Scibetta esita. 10

"Non vorrei che…"

"Il tuo silenzio sarebbe *complicità* di omicidio."

"Dice sul serio?"

"Sul lavoro non scherzo mai", *replica* duro il delegato. E nemmeno fuori dal lavoro, se è per questo. 15

"Me l'ha mandata Alessio Riguccio che si dice antiquario ma che in realtà è un…"

"…ricettatore", *suggerisce* Melluso.

"Mi levi una curiosità. Perché l'ha mandata a lei?"

Scibetta sorride. 20

"Perché ha capito che non era pane per i suoi denti. E la sa una cosa? Non l'avrei presa neanche se fosse stata di provenienza certificata."

"E perché?"

"Perché non è nemmeno pane per i miei denti." 25

"Addirittura!"

---

antiquario, chi colleziona oggetti antichi
provenienza, luogo d'origine
illegale, non legale, contrario alla legge
mittente, chi manda qualcosa a qualcuno
complicità, partecipazione in qualcosa di illegale
replicare, rispondere
suggerire, avanzare un'ipotesi, pronunciare sottovoce qualcosa

"Delegato, quella moneta vale tanto, ma così tanto, che praticamente non ha nessun valore commerciale perché non è commerciabile."

Melluso si reca in *Questura* e *illustra* al Questore la
5 situazione dell'indagine sull'omicidio Cammarota.
Un'ora dopo Alessio Riguccio viene arrestato per *ricettazione* e probabile *concorso* in omicidio.
"Io credevo fosse di provenienza *furtiva*!" si giustifica Riguccio.
10 "Lo è, ma per compiere il furto Ficarra ha ammazzato una persona. Allora, che vogliamo fare?"
"Io la moneta a quello lì gliel'ho ridata l'altro ieri notte."
"È venuto a trovarti a casa?"
15 "Sìssignore. Così eravamo rimasti d'accordo."
"È venuto a cavallo?"
"No, a piedi."
Melluso va a trovare il dottor Gibilaro per avere una conferma. Sì, la moneta Cosimo Cammarota l'ha
20 trovata mentre zappava la terra sotto lo Sperone.
Il delegato è convinto ora di sapere dove si nasconde Ficarra, che di necessità si è dovuto tenere alla *periferia* di Girgenti per incontrarsi con possibili *acquirenti* della moneta.
25 Proprio sopra allo Sperone, nascosta da una grossa

Questura, Ufficio di Polizia
illustrare, chiarire
ricettazione, traffico di materiale rubato
concorso, partecipazione
furtivo, proveniente da un furto
periferia, zona marginale di un luogo
acquirente, chi acquista

macchia d'erba, c'è una *grotta*. Una volta era uno dei tanti accessi segreti agli ipogei d'Akragas. L'assassino dovrebbe aver trovato *rifugio* lì.

Perché? Melluso non sa darsene una spiegazione, è una delle sue illuminazioni con conseguente colle- 5 gamento tra la *latitanza* di Ficarra e il luogo dove è stata ritrovata la moneta.

Affiancato dai soliti Lodico e Gammacurta il delegato vede con soddisfazione arrivare l'alba. Poi, quando il sole batte sulla macchia che nasconde la grotta com- 10 pare un uomo.

"Fermo dove sei!" gli urla dal basso il delegato.

Come convenuto, Gammacurta gli spara un colpo vicinissimo alla testa.

L'uomo, *atterrito*, alza le mani.   15

"Non sparate!" *Disarmato* sono!"

"Scendi mantenendoti sempre a vista!" gli ordina Melluso.

L'uomo inizia la discesa a piedi nudi.

"Sei Calcedonio Ficarra inteso Ernesto?"   20

"Sì sì."

"Hai ammazzato tu Cosimo Cammarota?"

"Io giuro, è stata una disgrazia! Io non volevo ammazzarlo!" grida Ficarra. E ride.

"Questo lo spiegherai al *giudice*. Me lo dici che ci 25 trovi da ridere?"

---

grotta, luogo nascosto nella roccia
rifugio, riparo
latitanza, stato di irreperibilità, di non farsi trovare
affiancare, mettere a fianco
atterrito, pieno di terrore
disarmato, senza armi
giudice, grado di ufficiale di Tribunale

"Ma io non rido. È un *tic* nervoso!"

"Dov'è la moneta?"

"Nel taschino della giacca."

"E dov'è la giacca?"

5   "Dentro la grotta insieme alle scarpe."

Non è *prudente* mandarci Ficarra, anche se non ha vie di fuga. Tocca a Gammacurta *arrampicarsi*.

Scompare oltre la macchia, ricompare con un paio di scarpacce in una mano e una giacca nell'altra.

10   "Controlla se nel taschino c'è la moneta", gli ordina dal basso il delegato. Gammacurta posa le scarpe, infila due dita nel taschino.

"Qui non c'è niente!"

"Ma io l'ho messa là", dice Ficarra.

15   Lo *schiaffone* improvviso del delegato lo fa *traballare*. "Sicuro?"

"Lo giuro!"

"Guarda nelle altre tasche!"

"Non c'è niente."

20   Stavolta è un *cazzotto* allo stomaco. Ficarra si piega in due ridendo per il dolore.

"Dimmi dove l'hai nascosta."

"Deve essere caduta dentro la grotta", *geme* Ficarra.

"Guarda se è caduta per terra nella grotta", tra-
25 smette il delegato a Gammacurta.

"Ma dentro c'è poca luce!", protesta l'agente. "Ci vorrebbe una torcia."

tic, movimento spontaneo del corpo
prudente, opportuno, attento
arrampicarsi, portarsi verso l'alto
schiaffone, manrovescio, forte colpo di mano
traballare, non reggersi in equilibrio
cazzotto, forte pugno
gemere, parlare fra i lamenti

"Io ne ho tre", dice Lodico.

"E dove?"

"Nella borsa di sella."

"Valle a prendere", fa Melluso

Per arrivare ai cavalli a Lodico occorrono una die- 5
cina di minuti, altrettanti per il ritorno.

Ma la moneta verrà ritrovata ore dopo, quando
l'ultima torcia stava per spegnersi e i tre ci avevano
ormai perdute le speranze.

Quando il dottor Gibilaro apprende quest'ultima 10
prodezza della piccola Akragas sempre più si convince della sua teoria della volontà della moneta di
riscomparire per sempre.

"E ora dove si trova?"

"Nella *cassaforte* del *giudice istruttore*, il dottor 15
Gerratana."

"È sicura?"

"Certo. Però, caro dottore, le devo dire che Ficarra
ha fatto *mettere a verbale* una *versione* diversa dalla
sua." 20

"Cioè?"

"Cioè che lei la moneta l'ha vista perché la stava
prendendo dalle mani di Cammarota che gliela stava
regalando. Ma è caduto da cavallo per l'*emozione*. È
stata questa sua reazione a far nascere in Ficarra la con- 25
vinzione che la moneta valesse assai. Pare che ci sia un

---

prodezza, gesto di coraggio, performance inaspettata
cassaforte, armadio blindato
giudice istruttore, Ufficiale di Tribunale che avvia i processi
mettere a verbale, scrivere sul libro ufficiale del processo
versione, ricostruzione di un fatto
emozione, sbalordimento

testimone, tale Antonio Prestia. Che faccio, lo *convoco* o si decide una buona volta a raccontarmi tutto lei?"

Il dottor Gibilaro finalmente si libera di un peso dal cuore e gli racconta com'è andata.

5   "Scusi, ma perché non mi ha detto la verità subito?"

"Non volevo farle avere tra le mani Prestia ch'è una brava persona."

"Grazie della fiducia", fa Melluso.

Dieci
Giornalisti e avvocati

Il *corrispondente* locale del "Giornale dell'Isola" a
10 suo tempo ha mandato a Palermo la notizia dell'assassinio di Cosimo Cammarota e se l'è vista pubblicare ridotta in appena cinque righe nelle *cronache* delle province.

Altrettante gliene vengono riservate per il racconto
15 del *complicato* arresto dell'assassino.

Grande è perciò la sua rabbia quando vede che il suo giornale dedica addirittura mezza pagina, e non in cronaca, all'articolo del corrispondente da Girgenti nel quale viene spiegato il *movente* dell'omicidio
20 Cammarota: secondo *fonti* della Questura il contadi-

---

testimone, chi ha visto
convocare, mandare a chiamare
giornalista, chi scrive su un giornale
corrispondente, inviato di un giornale in un luogo
cronaca, racconto dei fatti d'ogni giorno
complicato, difficile
movente, motivo
fonte, informazione

no era venuto in possesso casualmente di una moneta d'immenso valore, unica al mondo, conosciuta
come la piccola Akragas e il Ficarra era stato mosso
all'omicidio per impossessarsene.

Stringi stringi, all'epoca i numismatici non sono 5
poi tanti e si conoscono tutti.

La notizia arriva alle orecchie del *commendator*
Filiberto Montesconi che da anni tiene una *rubrica* di
numismatica sul maggior *quotidiano* italiano che si
stampa a Milano. 10

Montesconi si *premura* d'avvertire il *redattore*
capo che quella storia, se confermata, potrebbe essere d'interesse addirittura mondiale. Il redattore capo
ne parla al direttore in persona.

E così che un bel mattino Evaristo Borlenghi, noto 15
inviato speciale del quotidiano, appena arrivato da
Milano si presenta al delegato Melluso per rivolgergli
alcune domande.

Il delegato gli racconta tutto, non ha niente da na-
scondere, e poi se ne *sbarazza* inviandolo dal dottor 20
Gibilaro "al quale il povero Cammarota voleva regalare la moneta".

"Perché gliela voleva regalare?"

È una tra le prime domande che Borlenghi fa a Gibilaro. 25

"Credo per un erroneo senso di *riconoscenza*."

---

commendatore, grado importante di un civile
rubrica, parte di un giornale dedicata ad un argomento
quotidiano, giornale
premurarsi, avere a cuore, essere attenti a qualcosa
redattore, chi stende e rivede le notizie di un giornale
sbarazzarsi, liberarsi di qualcuno o qualcosa
riconoscenza, gratitudine, ringraziamento

E gli racconta la storia della gamba.

"Perché erroneo?"

"Perché io non ho fatto altro che il mio dovere."

"Ma lei l'avrebbe accettata?"

5 "Penso di sì. Anzi, me la stavo prendendo se non fossi caduto da cavallo. Però avrei fatto in modo che, in cambio, Cammarota a sua volta accettasse da me una *cospicua* somma."

"Quanto?"

10 "Senta, stiamo facendo discorsi inutili."

"Perché?"

"Perché c'è un *erede*. Al quale la moneta spetta di diritto."

"E chi sarebbe quest'erede?"

15 "Il figlio di Cammarota, in carcere per omicidio."

L'articolo di Borlenghi esce due giorni dopo e fa molto *scalpore*. La notizia fa il giro del mondo.

Ma la vera bomba è l'articolo *successivo*. Borlenghi ha ottenuto il permesso di visitare in carcere Pie-
20 tro Cammarota e d'*intervistarlo*.

Racconta il giornalista che il condannato gli ha confessato che i tredici anni trascorsi in carcere l'hanno profondamente cambiato, che adesso sente tutto l'orrore per il delitto compiuto, che ha imparato a
25 leggere e a scrivere, che si è avvicinato alla religione, che l'assassinio di suo padre l'ha talmente *scosso* da

cospicuo, grossa
erede, chi riceve qualcosa da qualcuno che è morto
scalpore, meraviglia
successivo, seguente
intervistare, fare domande
scosso, chi è colpito da qualcosa

fargli trascorrere lunghe notti in lacrime pregando per la salvezza dell'anima dell'omicida Ficarra. Alla domanda su cosa fare della moneta una volta entratone in possesso, ha risposto senza la minima esitazione:

"Regalarla al dottor Gibilaro, così come voleva 5 mio padre. Ho *incaricato* l'avvocato Murmura di fare i passi necessari".

Borlenghi è un ottimo giornalista.

Durante il *colloquio* con Pietro Cammarota ha scoperto che questi ha una sorella, Rosalia, che presta servizio come cameriera in casa dell'avvocato Scozzari. 10

Ottiene di poterla incontrare nello studio del suo datore di lavoro. Senonché Rosalia, a parte l'iniziale buongiorno, non aprirà bocca.

A parlare sarà sempre l'avvocato Scozzari. 15

La tesi dell'avvocato è semplice. Pietro Cammarota non può *ereditare* la moneta in quanto condannato all'*ergastolo*. Tutte le sue eventuali proprietà debbano essere affidate a un suo *tutore* che può disporne a suo piacimento. Il tutore *designato* è la sorella Rosalia. 20

"E questa è la *delega* che Rosalia ha fatto a me", conclude l'avvocato mettendogliela sotto gli occhi.

"E il vostro atteggiamento qual è?

"In che senso?"

"Voi siete disposti a regalare la moneta al dottor 25 Gibilaro?"

---

incaricare, dare mandato, dar qualcosa da fare
colloquio, dialogo
ereditare, ricevere qualcosa da qualcuno che è morto
ergastolo, prigione per tutta la vita
tutore, custode di qualcuno, che cura gli interessi di qualcuno
designare, scegliere
delega, incarico

"Faccio presente che Rosalia non ha nessun motivo di riconoscenza verso il dottor Gibilaro", conclude seccamente Scozzari.

Quest'ultima frase non piace ai lettori del più noto
5 giornale italiano. Diecine e diecine di lettere arrivano in *redazione*. L'ergastolano *redento* che dal fondo di una *cella* invia un così alto *messaggio* di fede nei valori della famiglia, ha commosso l'opinione pubblica.
Rosalia e l'avvocato Scozzari risultano figure *anti-*
10 *patiche*.
E il dottor Gibilaro cosa ne pensa?
"Io mi rimetto a quello che deciderà di fare la moneta."

15 Il corrispondente girgentano del "Giornale dell'Isola" riesce a prendersi una grossa *rivincita*. Recatosi di prima mattina in Questura per avere notizie dei fatti notturni, coglie una notizia che avrebbe dovuto restare segreta: dei ladri sono penetrati nel *Tribuna-*
20 *le*, rubando non si capisce che cosa.
Si precipita in Tribunale, Ma trova solo bocche cucite. Finalmente riesce ad avere precise informazioni. È stata *scassinata* la cassaforte nella stanza del Giudice istruttore Gerratana e tutto il contenuto è stato ru-

---

redazione, ufficio, sede di un giornale
redento, pentito
cella, prigione, carcere
messaggio, notizia mandata lontano
antipatico, non gradito
rivincita, vincita dopo una sconfitta
Tribunale, ufficio dove si giudicano i reati commessi
scassinare, aprire forzando

bato. È risaputo che il Giudice vi conservava anche la famosa moneta.

Quindi…

"Il Giornale dell'Isola" fa un titolo: *Rubata la piccola Akragas*. 5

Il dottor Gibilaro legge l'articolo di ritorno dal suo giro mattutino, prima di mettersi a pranzare. Scoppia in una risata.

Borlenghi intervista Gerratana.

No, Borlenghi si convince che il giudice non gli ha 10 raccontato tutto. Per questo *titola* l'articolo: Cosa nasconde il Giudice Gerratana? È la stessa domanda che il dottor Gibilaro rivolge al delegato Melluso.

Questi sorride.

"Il Giudice è furbo." 15

"Che significa?"

"Non posso parlare."

"Qualsiasi cosa mi dirà le prometto che la terrò solo per me."

"Parola d'onore?" 20

"Parola d'onore,"

"Mi faccia domande, è meglio."

"La moneta è stata rubata?"

"No."

"Si trova ancora in Tribunale?" 25

"No."

"E dov'è?"

"In una cassetta della *filiale* della Banca d'Italia. Il Giudice, quando ha visto che si faceva troppo rumo-

titolare, dare un titolo
filiale, agenzia

69

re attorno alla moneta, è andato a depositarla lì. E, come vede, ha fatto bene."

Il dottor Gibilaro non è tanto d'accordo. In cuor suo, avrebbe preferito che la moneta fosse stata ruba-
5 ta e lui non ne avesse più sentito parlare.

Al processo contro Ficarra assiste praticamente il solo corrispondente girgentano del "Giornale dell'Isola".

Non interessa a nessuno, l'attenzione di tutti è rivolta agli articoli che Borlenghi continua a inviare al
10 suo giornale. Tanto più che ha fatto una proposta veramente originale agli avvocati Murmura e Scozzari.

La proposta nasce dal *presupposto* che la piccola Akragas sia stata rubata. Quindi che senso avrebbe una causa tra le parti su un'eredità inesistente? Non è
15 meglio *sottoporre* la questione a un *giurì* d'onore che *emetterebbe* giudizio *vincolante* anche nel caso in cui la moneta venisse trovata?

I *componenti* del Giurì vengono eletti dai lettori a tempo record. Il Giurì impiega tre *sedute* per emettere
20 la sua *sentenza*. L'articolo, entusiasta, di Borlenghi è intitolato: Giustizia è fatta! Rispettata la volontà del *defunto*! La preziosa moneta *assegnata* al dottor Gibilaro.

---

presupposto, preliminare ipotesi
sottoporre, presentare
giurì, unione di giudici
emettere, esprimere
vincolante, che va rispettato
componente, membro, partecipante
seduta, riunioni
sentenza, giudizio finale
defunto, morto
assegnare, consegnare definitivamente

Passa quasi sotto silenzio la contemporanea condanna di Calcedonio Ficarra inteso Ernesto all'ergastolo.

L'ultimo articolo che Borlenghi scrive sull'argomento è dedicato alla rivelazione che la moneta non è stata rubata e alla sua consegna al dottor Gibilaro. 5

C'è un dettaglio che Borlenghi non scrive perché non ne viene a conoscenza.

Il dottor Gibilaro, il giorno stesso che ha ricevuto la piccola Akragas, si è recato, scortato dal delegato Melluso, presso la filiale della Banca d'Italia di Girgenti e ha depositato la moneta in una cassetta di sicurezza. Nella sua collezione ne conserverà il *calco*. 10

Undici
Il *deus ex macchina*

Trascorre oltre un anno. Nell'aprile del 1911 della moneta e delle vicende ad essa *connesse* nessuno ormai quasi se ne *rammenta*, nemmeno in paese. 15

Altri fatti, altre vicende occupano le pagine dei giornali.

Però più giorni passano e più il dottor Gibilaro non è per niente contento della situazione. Gli pare di recare grave offesa alla moneta tenendola sempre al buio dentro una cassetta di sicurezza negandola la pubblica ammirazione che merita. 20

---

calco, impronta nella creta di un oggetto
deus ex macchina, chi decide una cosa senza essere previsto, chi interviene a sorpresa
connettere, collegare
rammentare, ricordare

E inoltre prova una sensazione di non appartenenza alla piccola Akragas. Quando ha un po' di tempo libero, va a Girgenti, alla Banca d'Italia, apre la cassetta di sicurezza, prende la moneta, la tiene tra le
5 mani, la guarda a lungo.

È sua, ma sa che in fondo non gli appartiene. Come lui non appartiene alla moneta. Non è riuscito a farla sua.

È in questa condizione di crescente *disagio*, quando
10 un giorno, e precisamente il 12 di giugno, bussa alla porta di casa sua un *messo* della *Regia Prefettura* di Girgenti, *latore* di una lettera "riservata personale" del *Prefetto*, Sua Eccellenza Michele Staderini.

La lettera, *cortese* e breve, invita il dottor Stefano Gi-
15 bilaro a un colloquio privato col Prefetto per il giorno seguente, nell'ora che lo stesso dottore vorrà stabilire.

Il dottore dice al messo che si presenterà in Prefettura il giorno dopo alle tre del pomeriggio.

Il Prefetto lo riceve senza fargli fare anticamera.
20 Hanno già avuto modo di conoscersi.

"Entro subito in merito così non le faccio perdere tempo prezioso."

"La ringrazio, Eccellenza."

"Ho ricevuto un'inattesa lettera di Sua *Maestà*",
25 dice finalmente.

disagio, stato di difficoltà
messo, inviato
Regia Prefettura, Ufficio Regionale del Re
latore, chi porta qualcosa da consegnare
Prefetto, Dirigente della Prefettura
cortese, gentile
Maestà, Altezza (riferito alla carica del Re)

"Sua Maestà chi?, domanda il dottore.

"Come chi? Sua Maestà Vittorio Emanuele III! Il nostro Re!".

"Domando perdono", si *ravvede* prontamente il dottore.

"In questa lettera", prosegue il Prefetto. "Mi viene chiesto di far sì che lei voglia concedere un breve colloquio a una persona che Sua Maestà invierebbe da Roma lasciandole piena facoltà di stabilire il giorno e l'ora."

Il dottore è *frastornato*.

"Dovrei essere io a…"

"Esattamente. Ma tenga presente che tra l'arrivo della mia risposta e il tempo che ci vuole per il viaggio da Roma fin qui della persona incaricata da Sua Maestà, l'incontro non potrà avere luogo prima della prossima settimana."

"Oggi è mercoledì. Facciamo giovedì l'altro?", suggerisce il dottore.

"Riferirò e le farò sapere. Circa il luogo, mi permetto di suggerire qui, in Prefettura."

"D'accordo".

"E per l'ora?"

"Facciamo alle tre, come oggi."

"Benissimo. Tanto più che l'invitato di Sua Maestà *alloggerà* qui."

Non può che trattarsi della piccola Akragas.

Il dottore sa tutto della passione numismatica del

ravvedersi, correggersi
frastornato, confuso
alloggiare, prendere alloggio, stabilirsi in un luogo

re. Sa anche che al momento Sua Maestà possiede circa 60.000 pezzi.

Ma è risaputo che si tratta di una collezione di monete italiane. Quando gli regalano una moneta greca
5 o latina, il re o se la rivende o la regala a sua volta. Collezionare monete greche o latine comporta anche studiare la storia di quei popoli e magari mettersi in grado di leggerne le *iscrizioni* nella loro lingua. Ma Sua Maestà *nutre* una *fiera avversione* per gli studi
10 classici. E allora che motivo avrebbe d'interessarsi alla piccola Akragas? È inutile farsi domande, basterà pazienza per qualche giorno.

Come la volta precedente, il Prefetto lo riceve immediatamente. Non è solo. Con lui c'è un cinquanten-
15 ne, piuttosto elegante. Sua Eccellenza li presenta.

"Il dottor Stefano Gibilaro. Il generale marchese Giustino di San Lorenzo, Gentiluomo di corte."

Il quale china la testa, la rialza, porge la mano al dottore e si blocca a guardarlo, *stupefatto*.
20 "Ma…"

Anche il dottore ha un'espressione *sbalordita*. Apre e chiude la bocca senza riuscire a dir niente.

"Due gocce d'acqua!", *esclama* il Prefetto.

E infatti. Il dottore e il marchese sembrano essere

---

iscrizione, ciò che è scritto su qualcosa
nutrire, sentire dentro, percepire con la mente
fiero, forte
avversione, contrarietà verso qualcosa
stupefatto, sorpreso
sbalordito, senza parole
esclamare, parlare ad alta voce

gemelli, la somiglianza è *sconvolgente*.

"Mi perdoni, ma lei quando è nato?", domanda il marchese. Il dottore gli dice il giorno, il mese e l'anno.

Il marchese sorride:

"Lo sa? Io sono più vecchio di lei. Di appena due giorni." 5

Ora ridono tutti e tre.

L'atmosfera , di colpo è diventata meno *formale*.

"Ho fatto approntare un salottino dove potrete paralare con tutta tranquillità", dice il Prefetto. 10

Lo seguono.

"Lei fuma?", domanda il marchese tirando fuori dal taschino due lunghi *sigari*.

"No, grazie."

"Io, sì"

sigaro 15

E se ne accende uno.

"Mi perdoni ancora una curiosità. È sposato? Ha figli?"

"Sì, uno. Studia medicina a Palermo."

"Io ne ho due, un maschio e una femmina."

Il marchese fa una pausa, si gode il sigaro. 20

"Non avevo mai avuto occasione di visitare la Sicilia", dice a un tratto.

"Com'è arrivato?"

"Mi sono *imbarcato* a Napoli. Poi, da Palermo a Girgenti l'ho fatta in carrozza. Purtroppo ho attraver- 25
sato vaste *plaghe incolte*. Che peccato! La terra soffre ad essere abbandonata."

---

gemelli, due figli nati nello stesso momento
sconvolgente, che lascia meravigliati e sbalorditi
formale, ciò che è diplomatico, ufficiale,
imbarcare, salire su di una nave
plaga, zona
incolto, senza presenza dell'uomo

"Sa, sono i grossi *feudatari* che…"

"Conosco il problema. Io appartengo, come dire, alla nobiltà contadina. Ho dei *vigneti*. Produco un vino *discreto*."

5 "Anche dalle nostre parti ce ne sono, vigneti."

"Mi piacerebbe confrontare i nostri sistemi di… parlarne con qualcuno che se ne occupa direttamente."

"Quanto pensa di trattenersi?"

10 "Mah, due o tre giorni."

"Se domattina vuole venire con me… Io la mattina all'alba comincio il mio giro, vado a trovare i miei malati che non possono muoversi dalle loro case di campagna…"

15 Ha parlato senza riflettere. Perché è come se conoscesse da una vita l'uomo che gli sta davanti. D'altra parte, si somigliano tanto…

"Ne sarò felicissimo! La ringrazio!", dice il marchese.

20 E si sorridono.

"E ora vengo al motivo della mia venuta qui. Che molto probabilmente lei avrà già intuito."

"Credo di sì. La moneta akragantina?"

"Esattamente. Come lei certamente saprà, Sua Ma-
25 està non è interessato ad altro che a monete italiane,"

"Mi chiedevo appunto perché…"

"Si tratta di una curiosità puramente *estetica*. Senza secondi fini. Di questa moneta, a quanto pare uni-

---

feudatario, proprietario terriero
vigneto, coltura di vigne
discreto, buono, di buona qualità
estetico, interessato al bello

76

ca al mondo, se n'è fatto un gran parlare e Sua Maestà vorrebbe semplicemente vederla. Averla per le mani per qualche ora e poi restituirgliela."

"Nulla in contrario, ma come…"

"Una soluzione ci sarebbe. E devo dirle che l'ha 5 pensata Sua Maestà in persona."

"Me la dica."

"Lei mi affida la moneta e io la porto a Sua Maestà. Sarò io stesso, il giorno seguente a rifare il viaggio per restituirgliela." 10

Il dottore apre la bocca ma il marchese lo ferma con un gesto della mano. "Mi scusi, non ho finito. Naturalmente, glielo dico per sua tranquillità, sono venuto scortato e viaggerò sempre con la scorta. Ma a parte questo, *contestualmente* alla consegna della moneta, 15 io aprirei a suo nome presso la banca d'Italia di Girgenti un *deposito cauzionale* di, mettiamo, cinquantamila lire, o la somma che dirà lei, al quale potrà *accedere* in caso di mancata restituzione. Non deve darmi una risposta subito. Non c'è fretta. Me la dia domani. 20 La notte porta consiglio, come si usa dire."

"Non ho bisogno d'aspettare domani", dice il dottore. "La mia risposta è sì. Ma ad una condizione."

"L'ascolto."

"Non voglio il deposito cauzionale." 25

"Un attimo dopo averla conosciuta", dice il marchese, "sapevo che lei avrebbe rifiutato il deposito. Ma sono costretto a insistere."

"Anche io."

---

contestualmente, nello stesso momento in cui
deposito cauzionale, somma che si lascia in cambio di qualcosa
accedere, usufruire

"Guardi, dottore, che Sua Maestà l'ha posta come *conditio sine qua non*. Se lei rifiuta il deposito, io ho l'ordine di tornarmene a Roma a mani vuote. Sua Maestà ne sarebbe molto *delusa*."

5 "E va bene", fa il dottore di *malavoglia*.

"La ringrazio. Naturalmente riferirò tutto a Sua Maestà. E ora che abbiamo risolto il problemino, come si resta d'accordo noi due?"

Dodici
Come in una *favola*

Alle cinque il marchese si presenta davanti al porto-
10 ne di casa del dottore. L'uomo che l'accompagna scende dal cavallo e bussa. Il dottore si affaccia da una finestra:

"Vuole salire a prendere un caffè?"

"Se non reco disturbo, volentieri."

15 'Ndondò si è *intestata*, non c'è stato verso di farle cambiare idea. "Se ti assomiglia tanto, lo voglio conoscere!"

Il marchese congeda il suo accompagnatore, il dottore scende ad aprirgli la porta. 'Ndondò si fa trovare
20 vestita per le grandi occasioni, ma rimane chiaramente *turbata* alla vista del marchese, tanto da non *spiccicare*

---

conditio sine qua non, condizione che non si può evitare
deluso, rattristato
malavoglia, senza convinzione
favola, racconto di fantasia
intestarsi, mettersi in mente una cosa
turbato, in difficoltà
spiccicare, riuscire ad emettere qualcosa, sillabare con difficoltà

più parola. Escono dopo aver bevuto il caffè. Il dottore va a prendere il suo cavallo, il marchese monta su quello che gli hanno procurato in Prefettura.

La giornata è solare, calda, piena. Dopo un po' che *cavalcano*, il discorso cade di nuovo sulla piccola Akragas. Anzi, a iniziarlo è stato il marchese che vorrebbe ancora una volta *rassicurare* il dottore che, mentre è affidata a lui, la moneta non correrà nessun rischio di scomparsa.

"Non ne sia così sicuro. Non è detto che non ci provi", dice il dottore.

"Chi?", domanda il marchese.

E allora il dottore, va a sapere perché, o forse perché quell'uomo gli somiglia tanto che potrebbe essere suo fratello, si apre, gli *confida* che ha l'assurda impressione che la moneta sia come *dotata* di una sua volontà di scelta. Come se, non trovando una sistemazione di suo gusto, tentasse in continuazione di riscomparire nuovamente sotto terra. E gli confida anche che forse è per questo che non riesce a sentire la moneta come interamente sua.

"La capisco perfettamente. Anche a me è successo qualcosa di simile."

"Con una moneta?!, si stupisce il dottore.

"No, con mia figlia Adelaide. Era mia, l'amavo, ma sapevo dentro di me che mai mi sarebbe appartenuta interamente. Sarebbe stata, com'è giusto e naturale che sia, e com'è stato, dell'uomo che avrebbe amato e al quale avrebbe dato dei figli."

---

cavalcare, andare a cavallo
rassicurare, dare sicurezza su qualcosa
confidare, rivelare un segreto
dotare, essere in possesso

Il dottore lascia il marchese nella *masseria* di don Minico Savasta, che ha vigneti e produce vino. Don Minico è lieto di parlare con un "piemontese" che si intende di vigne.

5 "La ringrazio di questa splendida mattina", dice il marchese quando lo vede arrivare che è mezzogiorno. "Ho girato per i vigneti di don Minico e imparato tante cose, sa?"

Durante la cavalcata di ritorno verso Vigàta, il mar-
10 chese fa molte domande su Pietro Cammarota e sulla famiglia dell'uomo che Pietro ha ammazzato.

"Io penso", dice il dottore, dopo avergli risposto, "che il Giurì abbia commesso un grave errore assegnandomi la moneta."

15 "Perché?"

"Perché sarebbe stato più giusto darla agli eredi facendo loro obbligo di vendita e di *donazione* della metà del *ricavato* alla famiglia dell'uomo assassinato da Pietro, famiglia che vive nella più assoluta *indi-*
20 *genza*. E questo è anche il mio *cruccio*, avere la moneta e non poter far niente per questa povera gente."

Il marchese non fa nessun *commento*.

L'indomani mattina alle nove si ritrovano davanti alla Banca d'Italia. Il marchese è scortato da due uo-
25 mini. Il dottore apre la cassetta di sicurezza, *preleva* la moneta, la mette dentro una scatolina che ha por-

masseria, proprietà fondiaria
donazione, atto del donare, del regalare
ricavato, frutto di un lavoro o di una vendita
indigenza, povertà
cruccio, pensiero doloroso
commento, osservazione su qualcosa
prelevare, ritirare qualcosa da un luogo

tato con sé, la consegna al marchese. Il quale, a sua volta, estrae dalla tasca la *ricevuta* del deposito cauzionale e la dà al dottore.

Escono fuori dalla banca, si stringono *calorosamente* la mano.

"Ci rivedremo la prossima settimana", dice il marchese. E mi raccomando: che nessuno sappia quello che sono venuto a fare qui."

Ma la storia del misterioso generale piemontese che è pure marchese e che è in diretto contatto col re e che è una stampa e una figura col dottore Gibilaro si *sparge* in meno di ventiquattr'ore per tutta Vigàta.

È stato don Minico a raccontare ogni cosa, soprattutto meravigliato dell'incredibile rassomiglianza tra i due. Che siano se no fratelli, *fratellastri*?

"Me la racconta la verità su questa storia?" domanda il delegato Melluso al dottore una sera che stanno facendo due passi.

"La dico solo a lei, ma lei mi deve promettere di non dirla a nessuno."

Gli racconta tutto.

Ed è vera la somiglianza?"

"Verissima."

"Mi è stato riferito tutto…L'ipotesi più *accreditata* è che siamo fratellastri. Ma è impossibile. Vede, il marchese è nato due giorni prima di me. E mio padre era da due anni che non andava a Torino."

---

ricevuta, tagliando che dimostra un pagamento, un atto
calorosamente, con affetto
spargere, diffondere
fratellastro, fratello di madre diversa
accreditare, dare fiducia a qualcosa

"Ma lei come fa a saperlo?"

"Ho controllato la *corrispondenza* commerciale e non di mio padre che ancora conservo."

Il delegato si ferma, lo guarda.

5 "Le era venuto il dubbio?"

Il dottore sorride ma non gli risponde.

"Allora come si spiega?, insiste Melluso.

"Che bisogno c'è di spiegarselo, amico mio?"

Una settimana dopo, tornando dal giro, il dottore
10 trova a casa un biglietto del Prefetto nel quale è detto
che il signor marchese è tornato e che attende alle tre
in Prefettura.

Appena si ritrovano faccia a faccia, il dottore e il
marchese s'abbracciano come due vecchi amici.

15 Il marchese tira fuori la scatoletta, l'apre la fa vedere al dottore la piccola Akragas che c'è dentro, ma
invece di consegnargliela la posa sopra il tavolinetto.

"Sua Maestà ha molto *apprezzato* la sua cortesia e
la ringrazia."

20 Non sapendo che dire, il dottore fa un mezzo in-
chino da seduto.

"Senta", continua il marchese. "Lei oggi non farà
più a tempo a rimettere la moneta nella cassetta di
sicurezza, vero?"

25 "Credo proprio di no."

"Allora la lasci ancora per un po' a me. Qui in Prefettura è al sicuro."

"D'accordo."

"Non la disturbo troppo se domani l'accompagno
30 nel suo giro? Ho portato due bottiglie del mio vino,

corrispondenza, posta
apprezzare, riconoscere valore a qualcosa, a qualcuno

una per lei e una per don Minico."

Il viso del dottore si illumina.

"Disturbo? Che dice mai!"

Ma ha capito che il marchese gli vuole parlare di qualcosa. 5

Si presenta alle cinque. Ma stavolta è venuto da solo, ha imparato la strada.

Inizia a parlare appena fuori dal paese. 10

"Desidero dirle che mi sono permesso di prendere un'*iniziativa basandomi* però su quello che lei ha voluto confidarmi l'altra volta."

"Che iniziativa?"

"Da qualche tempo Sua Maestà mi aveva concesso 15 l'onore di *accennarmi* a un suo problema…Diciamo così che voleva *sdebitarsi* privatamente con un *diplomatico* straniero…Mi scusi, non posso dirle di più. Questo diplomatico si sarebbe offeso ricevendo da parte di Sua Maestà, che so, un gioiello per la sua si- 20 gnora…

Bisognava trovare qualcosa d'altissimo valore…È così che m'è venuta l'idea di proporre a Sua Maestà di comprare la sua moneta e di farne dono a quella persona. Mi scuserà se…" 25

"Non ha bisogno di scusarsi. Che le ha risposto Sua Maestà?"

"Ha avuto la bontà di gradire la mia proposta."

Si accende un sigaro. Riprende a parlare.

iniziativa, soluzione non richiesta di qualcosa
basarsi, fare conto su qualcosa
accennare, dare brevi informazioni
sdebitarsi, togliersi un debito
diplomatico, ufficiale che cura i rapporti con l'estero

"Se lei è d'accordo, basterà che mi dica quanto… insomma, quale cifra chiede e… Ci pensi su. Io ho l'intenzione di ripartirmene domani pomeriggio."

Il dottore resta a lungo in silenzio. Intuisce che la storia sta arrivando alla fine. Che forse era questo che desiderava la piccola Akragas.

"Ho deciso", dice a un tratto. "Si porti via la moneta. Ma non voglio un centesimo in cambio."

Il marchese scoppia a ridere.

"Questa risposta Sua Maestà l'ha prevista! Ha detto: 'un tipo così vedrà che non vorrà un centesimo'. E quindi la propongo un'*alternativa*."

"Quale?"

Il marchese gliela dice. Non tutta, la parte che riguarda direttamente il dottore gliela tace.

Mentre l'ascolta, al dottore pare di stare vivendo dentro a una favola. Però, siccome nessuno deve sapere del dono della moneta al Re, si mettono d'accordo che il giorno seguente andranno in banca e il dottore depositerà nella cassetta di sicurezza la scatolina vuota.

Un mese e mezzo dopo all'ergastolano Pietro Cammarota viene concessa la grazia da Sua Maestà Vittorio Emanuele III Re d'Italia. Due mesi dopo, sempre il Re Vittorio Emanuele III concede un *vitalizio* a Saverio Bonavia, figlio dell'uomo assassinato da Pietro Cammarota.

Nessuno sa spiegarsi l'interesse del *Sovrano* per le faccende vigatesi.

Tre mesi dopo il dottor Stefano Gibilaro viene no-

alternativa, diversa possibilità
vitalizio, riconoscimento in danaro che dura tutta la vita
Sovrano, qui: re

minato, con suo enorme *stupore*, *Grande Ufficiale della Corona d'Italia* per "alti meriti civili".

A questo punto tutti mettono in relazione l'interessamento di Sua Maestà con la visita del misterioso marchese al dottor Gibilaro. Il quale, per sfuggire 5 all'assedio dei suoi *compaesani*, è costretto a scapparsene con 'Ndondò a Palermo, in casa del figlio.

E una sera, al circolo, il delegato Melluso, *previa* 10 *autorizzazione* del dottore, racconta ai *soci* la "verità" dei fatti. In modo che tutto il paese la conosca e il dottore possa tranquillamente tornare a Vigàta.

"Amici miei, quello che sto per dirvi l'ho appreso da *documenti riservati*. E vi prego perciò la massima 15 riservatezza. Chi *suppose* che il dottor Gibilaro e il marchese Giustino di San Lorenzo erano fratellastri ci *indovinò*. Le cose andarono così.

Più di cinquant'anni fa, il padre del nostro dottore, un bel giovane venticinquenne, conobbe un'*incante-* 20 *vole* contessina a un ricevimento. La giovane era già sposa del marchese Alessandro di San Lorenzo, Ciononostante, la passione tra i due *divampò* e ..."

---

stupore, meraviglia
Grande Ufficiale della Corona d'Italia, riconoscimento del Re d'Italia di una carica importante
compaesano, nato nello stesso paese
previo, dietro
autorizzazione, permesso
socio, componenti di una Associazione
documento, carta di particolare importanza
riservato, soltanto permesso a pochi
supporre, immaginare
indovinare, cogliere nel giusto
incantevole, bellissimo
divampare, infiammare

Nota

Questa storia nasce da una cronaca, o da una *leggenda* familiare. Secondo la quale un nostro lontano parente, lontano anche nel tempo, che era medico e numismatico, incontrò un giorno un contadino che gli
5 mostrò, per regalargliela, una monetina d'oro che aveva *rinvenuta* zappando. Il medico la riconobbe all'istante, era la favolosa piccola Akragas. Fece per prenderla e rovinò da cavallo spezzandosi una gamba.

Sempre secondo la cronaca, o la leggenda, il dottore
10 tore regalò poi la moneta al Re Vittorio Emanuele III che se ne era interessato, ricevendone in cambio l'*onorificenza* di Grande Ufficiale.

Tutto il resto quindi è stato inventato da me (beninteso, fatta *eccezione* del terremoto di Messina), anche
15 che i nomi dei personaggi. Ma solo dopo che Eileen Romano, che qui ringrazio, avendo fatto delle ricerche, mi aveva assicurato che in qualche modo la storia che avevo sentito raccontare in famiglia poteva anche non essere pura leggenda.

nota, osservazione finale
leggenda, racconto di fantasia
rinvenire, trovare
onorificenza, decorazione d'onore
eccezione, differenza con qualcos'altro